Floyd McClung

Freundschaft mit Gott

Wie überwinde ich meinen Stolz?

Jugend mit einer Mission e. V.
Frankfurt a. M.

Freundschaft mit Gott

Originaltitel: Intimacy With God
Copyright © 1988 Floyd McClung Jr.

Published by Marshall Morgan and Scott
Marshall Pickering
3 Beggarwood Lane, Basingstoke, Hants RG23 7LP, UK

Copyright © der deutschen Ausgabe 1990,
Jugend mit einer Mission e. V.
Frankfurt a. M.

ISBN 3-88066-002-6

3. Auflage: Mai 1993
Übersetzung: Manfred Schmidt
Umschlaggestaltung: Büro für Kommunikationsdesign,
Wolfram Heidenreich, Mainz
Gesamtherstellung: Clausen & Bosse, Leck

Die Bibelzitate sind großteils der Einheitsübersetzung der Heiligen Schrift 1979 entnommen, zum Teil auch der Revidierten Elberfelder Bibel von 1985. In Fällen, wo die deutsche Fassung nicht mit dem englischen Wortlaut übereinstimmt, wurde, soweit es der Zusammenhang erforderte, die Übersetzung behutsam angepaßt.

Die Zitate von C. S. Lewis auf Seite 12 / 13 und Seite 46 stammen aus seinem Buch „Pardon, ich bin Christ", Brunnen-Verlag, Basel – Giessen 1978, Seite 99 bzw. Seite 97. Alle anderen Zitate wurden selbst übersetzt.

Inhaltsverzeichnis

Freundschaft mit Gott durch Überwinden des Stolzes . . 7

1 Die unerkannte Sünde 11
   Was ist Stolz? (11); Wo kann man Stolz finden? (13);
   Der Urheber des Stolzes (14)

2 Die größte Sünde 16
   Stolz und unsere Beziehung zu Gott (16); Stolz und unsere Beziehung zu den anderen (17); Stolz und unsere Beziehung zu uns selbst (18)

3 Die unsichtbare Sünde sehen 20
   Gottes Ehre antasten (23); Selbstzentriertheit (24); Ein fordernder Geist (26); Überlegenheitsgefühl (27); Sarkasmus (29); Richtgeist und Kritiksucht (30); Ungeduld (32); Neid und Habsucht (34); Hartherzigkeit (35); Ein unbelehrbarer Geist (37); Mangel an Loyalität und Vergebungsbereitschaft (39); Leuten gefallen wollen (40); Schmeichelei (42); Selbstmitleid (43); Schluß (45)

4 Den Stolz besiegen 46
   Praktische Wege zur Demut (51); Blicke auf den Herrn, nicht auf dich (53); Anderen dienen (53); Von anderen lernen (54); Andere ermutigen (54); Anderen vertrauen (55); Dein Recht zugunsten anderer aufgeben (55); Gerechtigkeit für andere suchen (56); Gestehe deine Nöte und Schwächen vor anderen ein (57); Sieh dich so, wie andere dich sehen (58)

5 Keine Abkürzung für geistliches Wachstum 61

Danksagung

Ich möchte Geoff und Janet Benge für ihre Hilfe beim Schreiben dieses Buches danken. Ihre Namen sollten eigentlich auf der Titelseite erscheinen – ich stehe tief in ihrer Schuld.

Geoff und Jane sind treue Freunde und wunderbare Ko-Autoren gewesen. Viele der hier mitgeteilten Ideen kamen durch die anregenden Gespräche mit ihnen an so unterschiedlichen Plätzen wie Bozeman (Montana, USA) und Amsterdam zustande.

Danke, Geoff und Jane, für Eure Freundschaft und Euren Beistand beim Entstehen dieses Buches. Ich bin Euch sehr dankbar.

Floyd McClung
Amsterdam, Holland

Freundschaft mit Gott durch Überwinden des Stolzes

Stolz ist diejenige Sünde, die uns täuscht. Es handelt sich um eine Sünde, die oft unerkannt bleibt, aber ihre Auswirkungen sind überall zu spüren. Stolz ist die Hauptursache für Zwietracht und Tragödien, die sich unter Menschen ereignen. Er ist die Hauptsünde; alle anderen Formen des Bösen können auf Stolz als ihren Ursprung zurückgeführt werden. Stolz ist *die* Ursünde, die Satan beging, als er vom Himmel stürzte; ihr erlagen auch Adam und Eva, als sie den Garten Eden verlassen mußten. Übersehen und nicht angegangen wird diese Sünde mit Sicherheit verheerenden Schaden anrichten, und jedem Menschen auf dieser Erde Probleme bereiten.

Will man von dieser zerstörenden Macht frei sein und eine tiefe persönliche Freundschaft mit Gott haben, muß man dem Stolz aggressiv entgegentreten. Dieses Buch wurde genau zu diesem Zweck geschrieben. Es ist quasi eine Art Handbuch für eine Operation und zugleich ein Leitfaden für geistliches Wachstum.

Mache dir keine Gedanken darüber, wie lange es dauern wird, bis du mit diesem Buch fertig wirst; dafür gibt es keinen Preis. Die Offenbarung, die Gott dir dabei geben wird, ist unbezahlbar: Offenbarung der Schrecklichkeit dieser Sünde und zugleich seiner Macht, dein Herz zu erleuchten. Sei bereit, alles zu tun, was er dir zeigt, um den Stolz in deinem Leben mit der Wurzel auszurotten.

Manche stehen auf dem Standpunkt, es sei ein Akt von Introspektion, wenn wir unser Herz auf Sünde hin überprüfen; dadurch würde der Sieg, den Jesus am Kreuz für uns gewonnen hat, verwässert. Wir müssen einerseits Vorsicht walten lassen, wenn wir Gott darum bitten, unser Herz zu überprüfen, aber andererseits ermutigt Paulus die Christen in Korinth dazu. „Fragt euch selbst, ob ihr im Glauben seid, prüft euch selbst! Erfahrt ihr nicht an euch selbst, daß Christus Jesus in euch ist? Sonst hättet ihr ja schon versagt" (2. Korinther 13,5). Auch Davids Gebet aus Psalm 139,23–24 bestätigt die Notwendigkeit, daß der Heilige Geist unsere Herzen prüft.

Zu sagen, man sollte nicht nach Sünde im eigenen Leben suchen, ist gleichbedeutend damit, zu behaupten, daß wir nie wieder sündigen werden. Ich habe in meinem Leben festgestellt, daß ich sehr wohl zur Sünde fähig bin; wenn ich diese Tatsache ignoriere, dann räumt das der Sünde nur die Möglichkeit ein, mehr Raum in meinem Leben einzunehmen. Ich glaube, daß jeder von uns die Ermahnung des Paulus, sich selbst zu überprüfen, sehr ernst nehmen muß.

Wenn du mit tiefer Unsicherheit oder einem negativen Selbstbild zu kämpfen hast, dann solltest du Schutzvorkehrungen treffen, wenn du dieses Buch liest. Mache dir deine Tendenz bewußt, dich selbst zu verurteilen und bitte den Herrn, dich davor zu schützen. Es gibt immer wieder Zeiten im Leben eines Christen, in denen Gott bestimmte Gebiete unseres Lebens anspricht. Wenn du zu Depressionen, zu Perfektionismus oder zu einer vorschnellen Selbstverurteilung neigst, dann möchte ich dir Mut machen, den Rat von reifen Christen, einem professionellem Seelsorger oder deines Pastors zu suchen. Sie können dir dabei helfen, die Fallen, die dieses Buch für dich bereithalten könnte, zu vermeiden.

Es gibt Zeiten im Leben, in denen Gott den Suchscheinwerfer seines Heiligen Geistes anschaltet, um bestimmte Sünden zu offenbaren. Das sind Zeiten, in denen er unsere Aufmerksamkeit haben und uns wachrütteln möchte für die Sünde in unserem Leben. Laß das Lesen und Durcharbeiten dieses Buches zu einer solchen Zeit werden. Prüfe dein Herz vor Gott, wenn du weiterliest, und erlaube es ihm, zu dir zu sprechen. Lies dieses Buch in einer betenden Haltung, im Bewußtsein seiner Liebe und seines Wunsches, dir zu vergeben. Erinnere dich daran, daß er durch seinen Tod am Kreuz schon deutlich gemacht hat, wie sehr er dich liebt und dir vergibt. Laß alles, was du tust, eine

Antwort auf seine Liebe und seine Gnade sein – und versuche nicht, sie zu verdienen; das könnten wir niemals schaffen!

Noch ein letztes Wort: Als Menschen haben wir die Fähigkeit, Dinge, die uns innerlich treffen und herausfordern, so umzubiegen, daß wir denken: „Ich wünschte, mein Vater (mein Lehrer, mein Mann, meine Frau…) würde das lesen! *Der ist wirklich sehr stolz!* Das würde *ihm* wirklich helfen, besser zu werden." Sei vorsichtig, dieses Buch nicht nur im Blick auf andere zu lesen, die deiner Meinung nach die angesprochenen Merkmale des Stolzes zeigen. Erlaube Gott, zu *dir* zu sprechen! Und erinnere dich an das Wort Jesu, zuerst den Balken aus dem eigenen Auge zu entfernen, bevor man versucht, den Splitter aus dem Auge des anderen zu ziehen.

Kapitel 1

Die unerkannte Sünde

Stolz sieht nicht auf die Person. Sein Opfer sind Junge und Alte, Reiche und Arme, Ordinierte und Laien. Er hat viele subtile Tarnungen, aber wenn er sein Werk vollbracht hat, bleiben seine Erkennungszeichen zurück: Entfremdung, Eifersucht, Haß und unloyales Verhalten.

Was ist Stolz?

Stolz ist ein unangemessenes Bewußtsein der eigenen Überlegenheit, eine maßlose Selbstüberschätzung, Einbildung und Arroganz. Man erhebt sich über andere und schaut auf sie als vergleichsweise minderwertig herab. Stolz ist Hochmut und Hochnäsigkeit. Man gibt vor, etwas zu sein, das man gar nicht ist. Stolz weigert sich, die eigenen Schwächen oder die eigenen natürlichen Grenzen anzuerkennen. Man versteckt die eigene Sünde vor denen, denen man offen gegenüber sein sollte. Er zeigt sich, wenn man sich hinter Entschuldigungen, Erklärungen und anderen Verteidigungsmechanismen verstecken will. Wenn man mit seinem Stolz nicht fertig wird, wird er uns betrügen und schließlich blind dafür machen, welche Auswirkungen er in unserem Leben hat. „Dein vermessener Sinn hat dich betört" (Obadja 3). Stolz ist die unerkannte Sünde.

Manchmal treten Unklarheiten auf, wenn wir über Stolz reden. Man kann auf seine Leistungen und Fähigkeiten stolz sein, auf den Ehepartner oder die Kinder – all das ist aber nicht, was die Bibel Sünde nennt. Die Schrift fordert uns sogar dazu auf, eine ehrliche Selbsteinschätzung unserer Fähigkeiten und Stärken zu haben und uns nicht beständig schlecht zu machen.

Stolz, wie er in der Bibel definiert wird, ist etwas ganz anderes. Stolz ist es, absichtlich Gottes Charakter und Herrschaft in unserem Leben nicht anzuerkennen und zur Wirkung kommen zu lassen. Statt dessen ziehen wir unsere eigenen Vorstellungen vor, wie Dinge getan werden müßten, und sagen zu Gott: „Ich mache das auf meine Weise. Mische dich nicht in mein Leben ein! Wenn ich dich brauche, rufe ich dich schon!"

Stolz ist das größte Hindernis, um Gott kennenzulernen. Er ist auch das größte Hindernis, andere zu lieben. Jede Sünde, die von Menschen begangen wird, läßt sich auf Stolz zurückführen; jeder Krieg, jede Form menschlichen Konflikts, jede getrennte Familie – alles kann auf Stolz zurückgeführt werden.

Die Bibel spricht in starken Worten von Gottes Haltung dem Stolz gegenüber. In Hiob 35,12 heißt es, daß die Menschen schreien, aber Gott ihres Stolzes wegen nicht antwortet. In Sprüche 16,5.18 lesen wir „Ein Greuel ist dem Herrn jeder Hochmütige; Hochmut kommt vor dem Fall".

Stolz ist etwas sehr Raffiniertes. Der Teufel kommt nicht auf dich zu und kündigt für drei Uhr nachmittags eine „Stolzattacke" an. Stolz überfällt einen nicht auf plötzliche, gewaltsame Weise. Er ist heimtückisch.

Der bekannte englische Autor C. S. Lewis schreibt in seinem Buch „Pardon, ich bin Christ":

> „Hochmut ist die Hauptquelle allen Elends in jedem Volk, in jeder Familie, seit die Welt begann. Andere Sünden führen die Menschen zuweilen zusammen: Unter betrunkenen und unkeuschen Leuten ist Geselligkeit, sind Scherz und Kameradschaftlichkeit durchaus keine Seltenheit. Hochmut dagegen kennt nur Feindseligkeit, er ist seiner Natur nach auf Feindseligkeit aus. Nicht nur ihren Mitmenschen gegenüber verharrt sie darin, sondern auch gegenüber Gott.
>
> In Gott stoßen wir auf etwas, das uns Menschen in jeder Hinsicht haushoch überlegen ist. Nur wenn man diese Wahrheit akzeptiert und seine eigene Nichtigkeit Gott gegenüber erkennt, weiß man, was Gott ist. Solange man in seinem Hochmut verharrt, kann man Gottes Wesen nicht

erkennen. Der Hochmütige blickt auf Menschen und Dinge herab; solange er das tut, entgeht ihm das, was über ihm ist."

Ich empfinde es als sehr schwierig, Stolz in meinem eigenen Leben festzustellen. Man läßt sich leicht täuschen. Wie ich gesagt habe, kündigt sich Stolz nicht großartig an. Er ist nicht leicht zu sehen. Ich habe Gottes Hilfe und die Hilfe anderer ganz dringend nötig gehabt, um sehen zu können, daß Stolz in meinem Leben vorhanden ist. Ich bin überzeugt, daß Gott uns den Stolz in unserem Herzen offenbaren wird, wenn wir ihn darum bitten.

Bist du bereit für eine solche Offenbarung? Gott wird uns Einsicht schenken, wenn wir ihn aufrichtig darum bitten. Er tut das, um uns zu helfen, nicht um uns zu demütigen. Er sieht die Zerstörung und die Verletzungen, die durch unseren Stolz kommen und möchte uns deshalb von seiner Macht über unser Herz und unser Denken befreien.

Wo kann man Stolz finden?

Stolz wächst dort, wo die Bedingungen günstig sind. Es ist leicht, ein Idealbild der Urgemeinde zu haben, doch dürfen wir dabei nicht aus dem Blick verlieren, daß die Schreiber der neutestamentlichen Briefe einige Gemeinden daran erinnern mußten, dem Stolz keinen Raum zu geben. „Wir wollen nicht prahlen, nicht miteinander streiten und einander nichts nachtragen" schreibt Paulus an die Gemeinden in Galatien (Galater 5,26).

Jesus mußte sich ebenfalls mit dem Stolz bei seinen Jüngern befassen. Jakobus und Johannes dachten, sie hätten alles bestens im Griff. Im Himmel würde der eine rechts von Jesu Thron sitzen, der andere links. Alles was sie von Jesus wollten, war, daß er seinen „Einfluß" beim Vater geltend machen würde, um die Dinge zu arrangieren. Doch Jesus spielte nicht mit – er erteilte ihnen statt dessen eine Lektion in Jüngerschaft (Markus 10,35–45).

Durch die ganze Kirchengeschichte hindurch hat Stolz schweren Schaden angerichtet, hat Bitterkeit, Spaltungen und Zwietracht bewirkt. Wir sollten nicht glauben, daß wir heutzutage dafür weniger anfällig wären. Um Stolz in unserem Leben zu entdecken, müssen wir nach seinen äußeren Anzeichen suchen. Wo Rauch ist, da ist auch ein Feuer; wo es zerbrochene Beziehungen und gegenseitige Entfremdung gibt, da liegt Stolz vor.

Der Urheber des Stolzes

Die Bibel macht sehr deutlich, wer der Urheber des Stolzes ist: Satan selbst. In der allegorischen Erzählung Jesaja 14 werden von Satan folgende Worte berichtet: „Ich ersteige den Himmel; dort oben stelle ich meinen Thron auf, über den Sternen Gottes; auf den Berg der Götterversammlung setze ich mich, im äußersten Norden. Ich steige weit über die Wolken hinauf, um dem Höchsten zu gleichen" (Jesaja 14,13–14).

Satans ganzes Interesse galt den Dingen, die er zu tun können glaubte; der letzte Anspruch aber, den er erhebt, ist der enthüllendste; er glaubt, er könnte sich Gott gleichstellen. Beachte, wie oft das Wort „Ich" in diesem kurzen Text vorkommt. Satan verlachte die Abhängigkeit von Gott und entschied sich statt dessen für seine eigene Weisheit und seine Art, die Dinge zu tun.

Durch alle Jahrhunderte wurden die gleichen Gedanken immer wieder zum Ausdruck gebracht. Jeder von uns hat in seinem Herzen dem Stolz Raum gegeben und zugelassen, daß er zunahm. Wir glauben weiterhin, daß wir Dinge ohne Gott tun können. Wir denken, wir können uns an Gottes Stelle setzen und unser Leben in eine Richtung steuern, die uns gefällt. Wir versuchen, Gott zu einer Art Glücksbringer zu machen, an den wir uns in Krisenzeiten wenden.

> „Gottesfurcht verlangt, Böses zu hassen. Hochmut und Hoffart, schlechte Taten und einen verlogenen Mund hasse ich" (Sprüche 8,13).

Gottes Charakter und Stolz sind völlig entgegengesetzte Pole. Satan ist der Urheber des Stolzes und hat ihn vervollkommnet; Gott ist der Urheber der Demut und hat sie vervollkommnet. Beides kann nicht nebeneinander existieren. Wir müssen uns entscheiden, wem wir folgen wollen und wen wir in unseren Entscheidungen und in unseren Haltungen nachahmen wollen.

KAPITEL 2

Die größte Sünde

Es gibt drei Arten von Beziehungen, in denen ein Christ steht: Stolz kann jede davon beeinträchtigen, angefangen bei der Beziehung mit Gott.

Stolz und unsere Beziehung zu Gott

Wir sind Gottes Schöpfung. Er hat jeden von uns bis aufs Feinste geplant und in Existenz gerufen; er weiß alles, was es über uns zu wissen gibt. Gott ist in jeder Hinsicht seiner Schöpfung unendlich weit überlegen. Er ist unendlich, wir sind endlich. Er ist gerecht, wir haben alle gesündigt und sind ungerecht. Er ist weise, wir sind Toren. Er bleibt immer der gleiche, wir verändern uns beständig. Diejenigen, die sich weigern, Gott zu ehren, die ihn verleugnen oder seine Macht unterschätzen, irren in einem Maße, das schon grotesk wirkt. Wenn wir Gott nicht in seiner unendlichen Überlegenheit uns gegenüber sehen, sehen wir ihn praktisch gar nicht. Wenn wir ihn auf unsere beschränkten Konzepte eingrenzen, verleugnen wir im Grunde ihn und alles, was er getan hat.

Um eine Beziehung mit Gott zu haben, müssen wir zunächst die unendliche Überlegenheit seiner Weisheit, seiner Stärke und seines Wissens anerkennen. Stolz wird unsere Fähigkeit dazu aber lähmen. Erkennen wir Gottes Überlegenheit aber nicht an, werden wir schließlich völlig von ihm abgeschnitten sein. Das scheint hart zu sein. „Ein bißchen Stolz", so argumentieren wir, „wird sicherlich nicht weh tun. Niemand ist schließlich vollkommen!" Die Bibel erlaubt aber kein derartiges Zugeständnis an diese Todsünde. Gott ist barmherzig, aber die Bibel macht seine Haltung dem Stolz gegenüber unmißverständlich deutlich. Sie lehrt, daß Gott sich weigert, einem Stolzen zu antworten (Hiob 35,12). Stolz ist ein Greuel für Gott (Sprüche 16,5.18) – er wird ihn nie tolerieren. Stolz wird unserer Beziehung zu Gott nur schaden. Gott wird alles tun, um einer stolzen Person zu widerstehen (Jakobus 4,6).

Angesichts dieser Tatsache haben wir zwei Möglichkeiten. Entweder arbeiten wir mit Gott zusammen und bitten um seine Hilfe, den Stolz in unserem Leben auszurotten, oder wir müssen uns mit ewiger Trennung und Entfremdung von unserem Schöpfer abfinden. Wenn wir uns die Wurzeln des Stolzes und seine verheerenden Konsequenzen im nächsten Kapitel genauer ansehen, werden wir verstehen, warum Stolz für Gott so abscheulich ist.

Wir müssen Gott auf unserer Seite haben. Wir brauchen seine Kraft und Weisheit. Wir brauchen seine Gnade und seine erlösende Macht. Uns ihm zu entfremden ist das Dümmste, was wir je tun können. Gott widersteht dem Stolzen, aber gibt dem Demütigen Gnade. Wir müssen sichergehen, daß wir auf der Seite der Demütigen stehen und Gottes Gnade genießen. Andernfalls *gibt es keinen gefährlicheren Gegner als Gott!*

Stolz und unsere Beziehung zu den anderen

Stolz entfremdet uns auch von unseren Mitmenschen. Wenn wir über andere urteilen, wenn wir sie entweder für unter- oder für überlegen halten, dann beeinträchtigt das unsere Beziehung. Wenn wir das Gefühl haben, eine Person sei uns unterlegen, dann glauben wir das Recht zu haben, sie herabzusetzen. Wenn wir sie andererseits für überlegen halten, dann sind wir diejenigen, die sich herabgesetzt und wertlos fühlen. In so einer Situation wendet sich unser Stolz gegen uns und versklavt uns durch die beständige Sorge, was andere von uns denken werden.

Stolz ist das größte Hindernis, um andere zu lieben. Stolz ist der große Spaltpilz. Wir alle machen Fehler. Manchmal lassen uns die Fehler anderer verletzt oder niedergeschlagen zurück – wir sind vielleicht an einem Punkt angelangt, wo wir sie aus

Revanche gerne selbst verletzen würden. Hier stehen wir nun vor einer Entscheidung. Wir können über unsere Bitterkeit Buße tun, der Person vergeben, was sie uns angetan hat und die Sache in Ordnung bringen. Wir können aber auch auf dem Weg weitergehen, den wir uns ausgesucht haben – einem Weg, der geradewegs in den Untergang führt. Einer Person zu vergeben, die uns verletzt hat, befreit uns von den Banden der Bitterkeit und erlaubt es uns, emotional und geistlich zu wachsen.

Stolz lähmt unsere Fähigkeit, mit anderen zurechtzukommen und läßt uns isoliert und einsam zurück. Er macht Beziehungen kaputt und führt zum Streit zwischen Mann und Frau, Eltern und Kindern, Freund und Freund. Er läßt uns schließlich allein mit unseren Verletzungen zurück, die, wenn sie nicht behandelt werden, sich zu Entfremdung und Haß verhärten werden.

Es sind stolze Christen, die die Kirchen spalten. Sie murren gegen ihren Leiter, richten ihre Glaubensgeschwister und unterstützen aktiv Spaltungen. Nicht nur, daß sie sich selbst und ihre Gemeinde kaputtmachen, sie stoßen auch Außenstehende ab, die auf den Leib Christi als ein Beispiel tätiger Einheit sehen.

Stolz und unsere Beziehung zu uns selbst

Stolz zerstört nicht nur unsere Beziehung zu Gott und zu den Mitmenschen, er führt auch zu verheerenden Schäden in unserem eigenen Leben. Sprüche 26,12 stellt fest, daß eines schlimmer sei als ein Narr, nämlich ein stolzer Mensch. Tatsächlich ist ein Stolzer der größte Narr, da sein Stolz ihn zu Fall bringen und schließlich vernichten wird (Sprüche 29,23). Ein belehrbarer Geist, die Bereitschaft, schnell von anderen zu lernen, ist der größte Schutz vor den Auswirkungen der Sünden anderer gegen uns. So seltsam das scheinen mag: die größte Freisetzung von Verletzungen, Bitterkeit und emotionalen Schäden, die uns andere antun, ist die Demut. Sie schützt uns vor Problemen, über die wir sonst keine Kontrolle mehr hätten.

Wir haben Gott dringend nötig. Uns ihm zu entfremden ist

das Dümmste und Selbstzerstörerischste, das wir überhaupt tun können. Gott sehnt sich danach, uns zu helfen. Deshalb hat er seinen Sohn gesandt, um an unserer Stelle zu sterben. In seine Liebe kommt er uns entgegen, um uns zu heilen und uns von Furcht, Stolz und den selbsterrichteten Trennmauern zwischen uns und anderen zu befreien.

Kapitel 3

Die unsichtbare Sünde sehen

Der Durchschnittstyp einer stolzen Person ist ungeführ 1,80 m groß, hat blaue Augen (oft mit grauen oder grünen Einsprengseln) und braunes Haar. Während einige wenige einen anderen ethnischen Hintergrund aufweisen, stammen die meisten doch von Europäern ab. Meistens handelt es sich um Angehörige der Mittelklasse, die keine besonderen Probleme im Leben haben. Man kann sie auch an ihrem etwas konservativen Kleidungsstil und ihrer Vorliebe für VW und Opel Autos erkennen. – Ist das nun eine zutreffende Beschreibung eines durchschnittlichen, stolzen Menschen? Stolze Menschen sind unglücklicherweise nicht so leicht zu kategorisieren. Sie könne jeder Rasse, Geschlecht, Altersgruppe, Konfession oder sozioökonomischen Schicht angehören.

Der trügerische Charakter des Stolzes bringt es mit sich, daß er leicht übersehen wird. Oft mußte ich mich in meinem Leben auf andere verlassen, um Stolz bei mir zu erkennen und mit ihm fertigzuwerden. Wir werden in diesem Leben nie von den Verlockungen des Stolzes frei sein; deshalb ist es unbedingt wichtig, daß wir nahe an Gott bleiben und uns bewußt machen, daß er durch andere Menschen Bereiche des Stolzes bei uns aufdecken möchte. Um von Stolz freizuwerden, *müssen wir uns es fest vornehmen, die Wahrheit über uns kennenlernen zu wollen,* und dann schonungslos nach Demut zu streben. Anders ausgedrückt: Sei nicht überrascht, wenn du Gott bittest, dir deinen Stolz zu zeigen, und dann andere anfangen, dich wegen deiner Schwächen zu ermahnen. Wenn das geschieht, fällt es uns nicht immer leicht, zuzugeben, daß wir einen Fehler gemacht haben. Das ist aber unerläßlich, wenn wir unseren Stolz überwinden und die Segnungen der Demut erleben wollen.

Meine Frau Sally und ich haben manchmal Meinungsverschiedenheiten, wie wir in bestimmten Fällen mit unseren Kindern umgehen sollen. Ich tendiere in manchen Bereichen dazu, die Dinge etwas lockerer zu sehen. Wenn es dann zu Meinungsverschiedenheiten kam, haben wir sofort Stellung bezogen und miteinander gestritten. War es so weit gekommen, dann war mein Ziel schließlich nicht mehr, was unserem Kind am meisten nützen würde, sondern ich wollte um jeden Preis beweisen, daß ich recht hatte. Nach einem solchen Zwischenfall sagte mir Sally, sie hätte den Eindruck, daß ich unsere unterschiedlichen Meinungen zu einer Verurteilung ihrer Person ausarten ließe und daß ich stolz sei. Mein Augenmerk war nicht länger darauf gerichtet, was das Beste für die Familie sei, sondern darauf, meinen Kopf durchzusetzen. – Es fiel mir erst ziemlich schwer, das zuzugeben, aber meine Frau hatte recht.

Jetzt arbeiten wir ganz bewußt daran, einander nahe zu bleiben, wenn wir Meinungsverschiedenheiten haben, sei es bei der Kindererziehung oder auf einem anderen Gebiet. Wir erkennen an, daß jeder von uns seinen Teil Weisheit zu der jeweiligen Situation beitragen kann, und versuchen, zusammen eine Lösung für das Problem zu finden. Um meiner Familie willen darf ich es meinem Stolz nicht erlauben, daß er einen Keil zwischen uns treibt.

Gottes Absicht ist immer unser Bestes, wenn er uns Stolz in unserem Leben zeigt. Er will uns helfen, nicht uns erniedrigen. Generation um Generation hat Gott mit blutendem Herzen die Verletzungen und Verwüstungen mitangesehen, die der menschliche Stolz verursacht hat. Er wünscht sich, daß wir von der Macht, die der Stolz über uns hat, frei werden. Wir müssen den entscheidenden Schritt tun und ihn bitten, den Stolz, der in uns lauert, zu offenbaren. Vielleicht hilft das folgende Gebet bei diesem ersten Schritt. Wenn du dem zustimmst, dann möchte ich dich ermutigen, dir Zeit zu nehmen, es mit eigenen Worten auszubeten.

„Herr Jesus,
ich weiß wie sehr du dem Stolz widerstehst. Ich möchte nicht, daß du gegen mich bist. Ich brauche deine Gegen-

wart, um mich zu führen und zu leiten. Laß bitte das Licht deines Heiligen Geistes in die Gebiete meines Lebens fallen, die ich vor dir verborgen habe und die zur Brutstätte für Stolz geworden sind. Ich bitte dich um Erkenntnis und um Überführung von jeder Sünde in meinem Leben. Schenke mir deine Vergebung und gib mir Stärke und Einsicht, mich vor dir zu demütigen. Ich öffne mein Leben auch für andere Menschen und ihre Ermahnungen und Tadel. Ich möchte in der rechten Beziehung mit dir, mit den Menschen um mich herum und mit mir selbst leben. Zeige mir meine Sünde und gib mir die Kraft, die sündhaften Taten meines Fleisches zu töten (Römer 8,13). Ich entscheide mich, mich durch deine Gnade von allen Ausdrucksformen des Stolzes in meinem Leben abzuwenden. Hilf mir, Herr Jesus! Amen."

Die Symptome von Stolz lassen sich mit denen von Krebs vergleichen. Zuerst sind wir uns der Sache nicht bewußt und das Geschwür wächst unmerklich in unserem Körper. Dann werden wir allmählich darauf aufmerksam, daß etwas nicht so funktioniert wie es sollte. Ein Bein schmerzt, wir fühlen Übelkeit, oder eine Geschwulst wächst an der Seite unseres Gesichts. Jetzt haben wir die Wahl: Entweder gehen wir zum Arzt zur Diagnose und zur Behandlung, oder wir tun so, als ob alles in Ordnung sei. Im Anfangsstadium ist es einfach, die Symptome zu übersehen und so zu tun, als gebe es sie nicht. Wenn aber längere Zeit vergeht, wird es immer schwieriger, es zu verbergen. Wir können nicht mehr länger gehen, ohne unser Humpeln zu verbergen, wir können nicht mehr so einfach essen oder uns unterhalten wegen der Schmerzen in der Wange. Die Geschwulst, die so klein und scheinbar bedeutungslos begann, ist zu einer verzehrenden und möglicherweise tödlichen Krankheit geworden.

So verhält es sich auch mit Stolz. Zuerst sind die Symptome fast nicht zu bemerken; wir werden etwas ungeduldig, wenn nicht alles nach unseren Vorstellungen läuft, wir gehen bestimmten Menschen aus dem Weg, oder es braucht etwas länger als früher, um jemand zu vergeben, der uns beleidigt hat.

Wir haben Schwierigkeiten, schnell zuzugeben „Du hast recht. Ich liege falsch", wenn wir korrigiert werden. Auch hier stehen wir vor der Wahl: entweder wir ignorieren diese Symptome als unbedeutend, oder wir gehen zu Gott und bitten ihn, uns das Ausmaß des Problems zu zeigen und uns bei seiner Überwindung zu helfen.

Wenn wir fortfahren, die Symptome des Stolzes zu verbergen, dann können wir sicher sein, daß sie nicht verschwinden werden. Sie werden sich immer mehr vervielfältigen, bis jeder sehen kann, wie uns das Krebsgeschwür des Stolzes auffrißt, das wir selbst zugelassen haben. Wenn wir ihm nicht entgegentreten, wird der Stolz uns vernichten.

Weil es so schwierig ist, Stolz bei sich selbst zu entdecken (bei anderen können wir ihn immer sehen), wollen wir die typischen Kennzeichen des Stolzes näher betrachten. Jesus hat einmal gesagt: „An ihren Früchten werdet ihr sie erkennen" (Matthäus 7,16). Indem wir die Früchte des Stolzes anschauen, können wir leichter erkennen, wie er Zugang zu unserem Herzen gefunden hat.

Wir werden uns jetzt die Früchte des Stolzes einzeln näher betrachten. Am Schluß kommt jeweils ein Gebet. Hoffentlich gibt dir das die Möglichkeit, im Gebet auf das zu antworten, was du auf diesen Seiten liest.

Gottes Ehre antasten

„Ich bin Jahwe, das ist mein Name; ich überlasse die Ehre, die mir gebührt, keinem anderen, meinen Ruhm nicht den Götzen" (Jesaja 42,8).

Jeder von uns hat Gaben und Fähigkeiten, die Gott in ihn hineingelegt hat. Das kann von einer guten Singstimme über die Fähigkeit, tolle Gärten anlegen zu können bis hin zu organisatorischen Fähigkeiten reichen. Es ist kein Zeichen von Stolz, wenn wir eine ehrliche Einschätzung unserer Gaben und Fähigkeiten besitzen. Solch eine Einschätzung ist in der Tat nötig, wenn wir die Talente entwickeln wollen, die Gott in uns hineingelegt hat. Es ist aber eine gefährliche Form von Stolz, wenn uns das veranlaßt, selbst das Lob für die Gaben einzuheimsen, die Gott uns gegeben hat. Ohne Gott können wir nichts tun. Wenn wir den Eindruck erwecken, daß wir irgendwie für diese Gaben verantwortlich wären, nehmen wir Gott die Ehre; er aber betont ausdrücklich: „Ich überlasse die Ehre, die mir gebührt, keinem anderen!" Wenn wir Lob für das Gute einstreichen, zu dem uns Gott befähigt hat, ohne ihm dafür Anerkennung zu zollen, dann tasten wir Gottes Ehre an und verfallen in eine Art von Götzenanbetung.

Wir können Gottes Ehre antasten, indem wir die Wahrheit ein bißchen dehnen und uns selbst in den Mittelpunkt stellen; etwa wenn wir ein Zeugnis erzählen über das, was Gott für uns getan hat. Gott ist über solche Dinge tief betrübt.

> „Lieber Herr,
> alles Gute in meinem Leben stammt von dir. Du hast viele Gaben und Fähigkeiten in mein Leben hineingelegt. Hilf mir, sie zu deiner Ehre zu gebrauchen. Wenn du kleine Dinge von mir verlangst, hilf mir, dir angemessen zu dienen. Wenn die Aufgabe groß ist, hilf mir, beständig für dich und dein Reich zu arbeiten. Ich will nicht in deinem Namen etwas anfangen und es dann in meinem vollenden, um dadurch Anerkennung zu bekommen für etwas, das du in mir und durch mich getan hast. Laß mich eng bei dir bleiben. Hilf mir, dich als die Quelle alles Guten in meinem Leben anzuerkennen und dich in allem zu ehren, was ich tue. Zeige mir, wo ich deine Ehre angetastet habe, wenn ich jetzt in der Stille auf dich warte. Amen."

Selbstzentriertheit

„Dient einander als gute Verwalter der vielfältigen Gnade Gottes, jeder mit der Gabe, die er empfangen hat" (1. Petrus 4,10).

Traurigerweise gibt es Christen, die eine äußere Fassade geistlichen Lebens dazu benützen, ihre innere Selbstsucht zu vertuschen. Wenn wir in Ausübung unserer Gaben rücksichtslos über die Empfindungen anderer hinweggehen, dann müssen wir unsere „Gabe" einmal überdenken. Wenn wir unsere Gaben nicht zum Segen für andere einsetzen, dann mißbrauchen wir unsere gottgegebenen Fähigkeiten.

Selbstzentriertheit und Stolz fördern den Wunsch, recht zu haben, beachtet zu werden und darauf aus zu sein, daß man uns dient und unsere Wünsche erfüllt werden. „Ich möchte das!", „Mach es so, wie ich es sage!", „Mein Dienst", „Meine Vision", „Mein Plan." Die zugrundeliegende Annahme dabei ist, „Mir steht dies zu, weil ich mir genügend Verdienste erworben habe und es wert bin. Diene mir, denn ich habe es verdient." Was für eine absolut nicht christusgemäße Haltung! Betrachte Paulus' Reaktion den Korinthern gegenüber: „Ich aber will sehr gern alles aufwenden und mich für euch aufreiben" (2. Korinther 12,15). Hier gibt es keine Selbstzentriertheit; Paulus stellt statt dessen beispielhaft dar, mit welcher Haltung wir anderen dienen sollten. Wenn wir uns fröhlich im Dienst an anderen aufreiben können, ohne daran zu denken, wie andere uns dienen sollten, dann sind wir von den Ketten der Selbstzentriertheit frei geworden.

Ich habe eine gute Nachricht für dich: Gott will deinen Stolz nicht verletzen – er will ihn töten! Nur wenn er dem Herzstück unseres Egoismus den Todesstoß versetzt, können wir zu Gottes Volk werden, so wie er uns erschaffen hat.

> „Lieber Herr,
> oft ist meine erste Reaktion, wenn mich Leute bitten, etwas für sie zu tun: ‚Was bekomme ich dafür?' Lehre mich, wie ich mich selbst für andere völlig einsetzen kann, wie ich sie an die erste Stelle setze, wie ich in deinen Willen eintauche, so daß meine eigenen Gefühle und Vorlieben zweitrangig werden. Ich will die Aufgabe erfüllen, zu der du mich berufen hast. Bring mich an den Punkt, wo ich anderen selbstlos dienen kann. Laß es mich erkennen, wenn ich anfange, selbstzentriert zu werden. Erlaube mir, mich so zu sehen, wie du mich siehst, und gib mir den Mut, auf dich zu sehen und verändert zu werden. Amen."

„Ich weiß Entbehrungen zu ertragen, ich kann im Überfluß leben. In jedes und alles bin ich eingeweiht: in Sattsein und Hungern, Überfluß und Entbehrungen" (Philipper 4,12).

Fordernde Menschen sind nie Beispiele für Leiden oder Geduld. Sie sehen lieber zu, immer ihr Recht zu bekommen, sind ungeduldig und undankbar. Für sie ist der Gedanke, daß die Hölle etwas mit ihnen zu tun haben könnte, eine schlimme Kränkung. Sie haben das Gefühl, ein Recht zu haben auf das, was ihnen verdientermaßen zusteht; dabei vergessen sie, daß jeder Mensch letztlich nur die ewige Trennung von Gott verdient. Eine Person jedoch, die ihren innewohnenden Stolz erkannt hat und in Buße zu Gott geschrien und um Vergebung gebeten hat, fühlt sich zutiefst unwürdig, etwas Besseres zu empfangen, als das was sie verdient hat. So jemand erkennt, daß alles, was über die Hölle hinausgeht, Gottes Gnade ist.

Der Stolz im Herzen eines fordernden Menschen zeigt sich auch daran, daß er beständig auf die Dinge hinweist, die *nicht* für ihn getan wurden – statt darauf zu sehen, was für ihn getan wurde. Wenn wir fordern, daß Leute die Dinge so tun, wie wir das möchten, sagen wir im Grunde „Ich bin dir überlegen".

Möge Gott uns vergeben. Unabhängig davon, was jetzt oder in der Vergangenheit für uns getan wurde oder nicht, dürfen wir nie die Tatsache vergessen, daß wir schon die größte Gabe empfangen haben: Jesus.

„Lieber Herr,
wie oft sehe ich auf das, was für mich getan werden sollte. Ich sehe, wie jemand sein Versprechen nicht hält oder nicht nach dem lebt, was er zugesagt hat, und schon werde ich zornig. Ich denke mir: ‚Ich verdiene aber Besseres!' Aber aus deinem Wort kann ich sehen, daß ich wirklich nichts verdiene. Ich habe kein Recht, mein Recht zu fordern.

Zeige mir, wenn ich Ansprüche an andere stelle, oder sogar an dich. Offenbare jede Undankbarkeit in meinem Herzen. Ersetze mein forderndes Herz mit einer Dankbarkeit für all das, was du für mich getan hast. Herr, ich will mir jetzt Zeit nehmen zu bekennen, daß ich fordernd und undankbar auf folgenden Gebieten war: ... Amen."

Überlegenheitsgefühl

„Seid untereinander eines Sinnes; strebt nicht hoch hinaus, sondern bleibt demütig! Haltet euch auch nicht selbst für weise!" (Römer 12,16).

Stolz gibt uns das Gefühl, wir wären wichtiger als andere und könnten auf sie herabsehen. Wir handeln hochmütig in einer Weise, die unsere innere Herablassung offenbart. Wir glauben, wir seien irgendwie Gott näher oder einfach besser als andere aufgrund unserer Lehrüberzeugungen, Handlungen oder einfach unseres inneren Wertes. Die Bibel aber lehrt, daß jeder Mensch ein Sünder ist und Gott und Mitmenschen dringend nötig hat. Es ist immer Stolz, was uns trennt, nicht unterschiedliche Lehrmeinungen oder andere Meinungsverschiedenheiten. Unser Stolz sagt uns, wir wüßten mehr von der Wahrheit und seien deshalb geistlicher als andere. Wenn wir nur echt in unserem Herzen glauben würden, dann hätte jeder etwas zu geben und zu empfangen. Dann würden sich alle Uneinheit, Mißtrauen, Unstimmigkeiten, Konflikte und Kirchenspaltungen verflüchtigen. Wenn unsere Lehrmeinungen und geistlichen Erfahrungen uns nicht dazu bringen, einander zu lieben und höher zu achten als uns selbst, dann brauchen wir Christus in noch viel stärkerem Maße – wir sind bei weitem nicht so geistlich, wie wir denken!

Siehst du auf Leute herab, die nicht deine geistlichen Erfahrungen gehabt haben, oder die aus dem anderen Geschlecht, einer anderen Altersgruppe, einer anderen Rasse oder einer anderen Konfession kommen? Gibt es Leute aus bestimmten Konfessionen, Denominationen oder theologischen Richtungen, die du für ungeistlicher hältst, als dich selbst? Gibt es Christen, mit denen du nicht so gerne Gemeinschaft hast, einfach wegen ihrer Glaubensüberzeugungen oder geistlichen Gaben? Wenn wir uns weigern, mit einigen Leuten zusammenzukommen oder in Verbindung gebracht zu werden, weil wir mit ihren Glaubensüberzeugungen nicht übereinstimmen oder ihre Gewohnheiten und Bräuche verachten, *dann offenbaren wir, wieviel Stolz in unserem Herzen ist.*

Achten wir bestimmte Menschen höher als andere? Nehmen wir Partei für die Reichen und Wohlhabenden? Ist uns ein Flüchtling oder Asylant weniger wichtig als ein Buchhalter? Gott kennt keine Rangordnung unter den Menschen. Alle sind in seinen Augen gleich. Wenn Gott für jeden von uns denselben Preis zahlt, dürfen wir es dann wagen, zu denken, wir wären in irgendeiner Hinsicht mehr wert als andere Menschen? Auch für sie ist Jesus gestorben!

Einmal machte ich einer Bekannten gegenüber die Bemerkung, daß ich mit einer bestimmten Gruppe von Christen, die eine falsche Theologie vertraten, nicht in Verbindung gebracht werden wollte. Meiner Meinung nach hatten sie nicht nur nicht recht, sondern waren Irrlehrer. Sie richteten mehr Schaden an, als daß sie Gutes taten. Ich fand sie einfach anstößig. Ich gestand zwar zu, daß sie Christen waren, hatte aber das Gefühl, sie um jeden Preis meiden zu sollen.

Meine Bekannte stellte diese Haltung in Frage. Sie verteidigte die von mir kritisierten Glaubensüberzeugungen nicht, zeigte mir aber, daß meine Haltung und meine Handlungen nicht christusgemäß waren – ihre Wurzeln lagen in meinem Stolz. Als ich ihre Ermahnungen im Gebet erwog, begann ich zu sehen, daß das größere Problem nicht die dürftige Theologie dieser Leute war, sondern meine eigene Arroganz. Ich zerschnitt das Band der Gemeinschaft mit meinen Geschwistern im Herrn. Ich mied Leute, die Christus liebte und für die er gestorben war. Ich distanzierte mich von Leuten, denen Christus seinen Namen gegeben, die er angenommen und zu sich gezogen hatte (Epheser 2,14ff.).

„Lieber Herr,
danke, daß du für uns ein Beispiel dafür bist, was es heißt, zu dienen. Du hast dein Gleichsein mit Gott nicht als etwas betrachtet, an dem du unbedingt festhalten wolltest, sondern bist demütig geworden und hast die Gestalt

eines Knechtes angenommen. Mach mich frei von meiner Tendenz, bestimmte Leute zu bevorzugen. Mach mich frei von jeder Form des Rassismus. Befreie mich von der Knechtschaft des Überlegenheitsgefühls, damit ich wirklich nützlich sein kann in deinem Reich. Hilf, die Leute in meiner Umgebung zu ermutigen und anderen mit einem offenen Herzen zu dienen und das Beste für sie zu wollen. Vergib mir, daß ich bestimmte Christen gemieden habe, und daß ich dachte, ich sei geistlicher. Ich entscheide mich, diese Form des Stolzes zu hassen. Ich tue Buße über diese Sünden in Jesu Namen. Amen."

Sarkasmus

„Doch die Zunge kann kein Mensch zähmen, dieses ruhelose Übel, voll von tödlichem Gift. Wenn aber euer Herz voll ist von bitterer Eifersucht und von Ehrgeiz, dann prahlt nicht und verfälscht nicht die Wahrheit!" (Jakobus 3,8.14).

Bissige Kommentare sind vielleicht gesellschaftlich akzeptabel, aber sie haben keinen Platz im Reich Gottes. Sarkasmus ist ein nur dünn verschleierter Versuch, Leute beeindrucken zu wollen, indem man die Fehler anderer in einer scheinbar humorvollen Weise herausstreicht. Sarkasmus geht aber immer auf Kosten einer anderen Person und legt die Vorurteile unseres Herzens bloß. Durch Sarkasmus erzeugen wir Vorurteile und lehnen andere ab; wir vergessen dabei, daß auch sie als Ebenbild Gottes erschaffen wurden. Sarkasmus macht auch deutlich, daß wir von anderen verletzt oder beleidigt worden sind, aber nicht den Mut hatten, offen damit umzugehen. Statt dessen haben wir zugelassen, daß Bitterkeit in unserem Herzen aufkam.

Jesus war im Umgang mit seinen Jüngern nie sarkastisch. Wenn ein Problem auftauchte, das angesprochen werden mußte, dann ging er direkt zu der betroffenen Person, und tat es nicht hintenherum. Laßt uns sein Beispiel nachahmen und geradeheraus Probleme angehen, die Verletzungen mit sich bringen könnten, statt daß wir sarkastisch reagieren. Und tun wir

Buße über eine Art Humor, die Menschen anderer Rasse, Hautfarbe oder Nationalität zur Zielscheibe unseres Spottes macht. Über andere zu spotten ist für Gott *niemals* lustig.

Jakobus sagt „Niemand kann die Zunge zähmen". Wir müssen unsere Zunge Gott unterstellen, und es ihm erlauben, unser Reden zu leiten.

„Lieber Herr,
wenn ich daran denke, was ich manchmal sage, dann erkenne ich, wie sehr ich deinen Heiligen Geist brauche, um mein Reden zu reinigen. Wie oft habe ich gedankenlos dahergeredet, ohne mir bewußt zu sein, welchen Schaden ich damit meinen Geschwistern und anderen, die ich lieben soll, zugefügt habe. Herr, ich gebe zu, daß ich nicht gleichzeitig wirklich Menschen lieben und mich über sie lustig machen kann. Vergib mir meinen Sarkasmus, Herr Jesus.

Hilf mir, das Beste über andere zu denken, und sie durch mein Reden zu ermutigen und aufzuerbauen. Erfrische mein Denken mit positiven Gedanken über andere, die ich dann auch ausspreche. Jeder Narr kann das Negative an anderen sehen, aber es braucht jemand voll Weisheit, das Positive zu sehen. Lehre mich, weise zu sein. Ersetze meinen Sarkasmus mit Worten des Dankes und des Lobs. Gib mir den Mut, um Vergebung zu bitten, wo ich andere verletzt habe. Amen."

Richtgeist und Kritiksucht

„Richtet also nicht vor der Zeit; wartet, bis der Herr kommt, der das im Dunkeln Verborgene ans Licht bringen und die Absichten des Herzens aufdecken wird" (1. Korinther 4,5).

„Über eure Lippen komme kein böses Wort, sondern nur ein gutes, das den, der es braucht, stärkt, und dem, der es hört, Nutzen bringt. Beleidigt nicht den Heiligen Geist Gottes, dessen Siegel ihr tragt für den Tag der Erlösung. Jede Art von Bitterkeit, Mut, Zorn, Geschrei und Lästerung und alles Böse verbannt aus eurer Mitte! Seid gütig zueinander, seid barmherzig, vergebt einander, weil auch Gott euch durch Christus vergeben hat" (Epheser 4,29–32).

Kritik spaltet und zerstört die Kirche. Jesus starb, um uns *eins* zu machen. Stolze Menschen sind kritisch und richtend. Sie haben Schwierigkeiten, das Gute an anderen zu sehen; wenn sie mit Positivem konfrontiert werden, sind sie schnell dabei, es wegen ihrer negativen Sichtweise zu verleugnen. Wenn wir eine andere Person richten, bringen wir zum Ausdruck: „Ich kann das besser. Warum tritt er nicht beiseite und läßt mich das tun?"

Epheser 4,29–32 beinhaltet eine Reihe von Gesichtspunkten in bezug auf Kritik. Erstens, wenn wir gegen einen Bruder sprechen, sprechen wir gegen den Heiligen Geist und betrüben ihn. Zweitens: Verleumdung, Klatsch und negatives Reden führen zur Spaltung und zur Zerstörung. Drittens sollen wir nur solche Dinge sagen, die andere auferbauen. Wir dürfen niemals vergessen, daß wir Gott eines Tages Rechenschaft für *jedes Wort* ablegen müssen, das wir gesprochen haben.

Kritische Leute haben Schwierigkeiten damit, anderen Gnade weiterzugeben. Paulus erklärt in Römer 6,14: „Die Sünde soll nicht über euch herrschen; denn ihr steht nicht unter dem Gesetz, sondern unter der Gnade." Während wir dankbar sind, unter Gottes Gnade zu stehen, ist es doch leicht, andere in die Knechtschaft unserer „Gesetze" bringen zu wollen. *Wir müssen anderen dieselbe Gnade erweisen, die Gott uns erwiesen hat.*

Immer wieder hat der Herr mich überführt, kritische und unfreundliche Worte gesagt zu haben. Ich habe festgestellt, daß der beste Weg, damit umzugehen, ist, die Sünde Gott und dem Betreffenden zu bekennen. Sei offen für Gottes Geist und laß ihn dir jede Sünde zeigen, die du in diesem Bereich begangen hast. Bist du kritisch und negativ eingestellt? Sprichst du über die Fehler anderer? Genießt du es insgeheim, Schlechtes über andere zu hören? Wenn ja, dann demütige dich vor Gott und anderen und bitte ihn, dir Freiheit und Heilung zu schenken und die Beziehungen in Ordnung zu bringen. Und darf ich dich daran erinnern, daß man nicht erst lügen muß, um jemand zu verleumden? Es reicht manchmal schon aus, einfach die Wahrheit über ihre Schwächen zu sagen. Sähen wir es gerne, wenn andere umhergingen und über unsere Schwächen redeten? Sprich über die anderen immer so, wie du sie von dir reden hören möchtest!

„Lieber Herr,
wie oft habe ich auf andere herabgesehen. Ich bin schnell dabei, sie zu richten ohne alle Fakten zu kennen; mein Fleisch genießt es, sich aufzublasen, indem es sich mit den Mängeln und Problemen anderer beschäftigt. Welch ein Gegensatz ist das zum Leben in deinem Geist! Hilf mir, das Gute in anderen zu sehen, ihre Einzigartigkeit zu schätzen und mir nicht zu wünschen, daß sie alle so sein sollten wie ich.

Ich habe mich oft selbst getäuscht, Herr, und gedacht, ich würde mich um andere kümmern, wenn meine Kritik doch in Wirklichkeit Sünde war. Gott, ich bitte dich mir zu vergeben, daß ich Mißtrauen verbreitet, und die Meinung anderer negativ beeinflußt habe. Bitte vergib mir, Herr. Zeige mir jetzt, wie das deine Kirche spaltet. Amen."

Ungeduld

„Die Liebe ist langmütig, die Liebe ist gütig: Sie ereifert sich nicht, sie prahlt nicht, sie bläht sich nicht auf. Sie handelt nicht ungehörig, sucht nicht ihren Vorteil, läßt sich nicht zum Zorn reizen, trägt das Böse nicht nach" (1. Korinther 13,4–5).

Ein Freund leitete einst eine Gruppe Christen auf einer Reise durch Europa. Die Frauen der Gruppe kamen immer zu spät von ihren Einkaufsexpeditionen und Museumsbesuchen zurück, was den Tourleiter unheimlich ärgerte. Eines Tages marschierte er vor dem Reisebus auf und ab und wartete auf drei überfällige Damen. Ein anderes weibliches Mitglied der Reisegruppe kam zu ihm und flüsterte ihm zu: „Werde bitte nicht ungeduldig mit ihnen, wahrscheinlich haben sie einen guten Grund!" Voller Zorn schrie er sie vor der ganzen Reisegruppe an: „Ich habe mehr Geduld, als du mir zutraust!"

Herr, ich möchte Geduld lernen, und zwar sofort!

Wenn wir ungeduldig sind, machen wir deutlich, daß unsere Ideen, Projekte, Programme und Zeitpläne wichtiger sind als Menschen; wenn sie versagen, fühlen wir uns in unserem Mangel an Liebe und Selbstbeherrschung gerechtfertigt, und bringen das durch unsere Ungeduld zum Ausdruck. Im Laufe einer Woche gibt es zahllose Gelegenheiten, wo wir auf andere warten müssen, aber es ist nie richtig, ungeduldig zu werden, ganz egal ob der Fehler bei den anderen liegt oder nicht. Statt dessen sollten wir diese Gelegenheiten dazu benutzen, unsere Herzenshaltung zu überprüfen. Der andere hat vielleicht Schuld, aber wir sind dafür verantwortlich, wie wir darauf reagieren. Er verhält sich vielleicht zu achtlos, aber das rechtfertigt meinen Ärger nicht.

Was tun wir, wenn jemand uns eine Stunde lang warten lassen, oder wir eine Sache zum drittenmal erklären mußten, nur weil der andere es nicht für wichtig genug hielt, gleich bei den ersten beiden Malen richtig zuzuhören? Die Antwort ist einfach. Wir müssen ihm vergeben, und das nicht nur einmal, nicht nur zweimal, sondern so oft wie nötig.

Ich habe festgestellt, daß ich dann am ungeduldigsten bin, wenn ich denke, daß ich recht habe. Ich will vorankommen bei der Umsetzung meiner Ideen und übersehe manchmal den Wert, der darin liegt, den Vorschlägen anderer zuzuhören. Als ich anfing daran zu arbeiten, auf andere zu hören und ihre Vorschläge auszuwerten, habe ich entdeckt, wie wertvoll ihr Input ist. Leute sind nicht immer aufdringlich oder kritisch, wenn sie uns ermahnen; im Gegenteil, oft können sie aus ihrer Perspektive Dinge sehen, die ich nicht sehen kann. Oft wollen sie aus Liebe ihre Bedenken mitteilen, damit ich mir unnötige Peinlichkeiten, Fehler oder Frustrationen ersparen kann.

„Lieber Herr,
du warst so geduldig mit mir. Du hast mir deine Gnade und Vergebung so oft geschenkt. Wenn ich daran denke, was du für mich getan hast, dann scheint das vergleichsweise gering zu sein, was du von mir anderen gegenüber

erwartest. Überführe mich, wenn ich den Leuten um mich herum nicht mit der gleichen Geduld und Liebe begegne. Stoppe mich jedesmal, wo ich in meinem Herzen ungeduldig bin. Ich möchte deine Maßstäbe in allen meinen Beziehungen verwirklichen. Überführe mich, wenn ich lange brauche, um zu vergeben, und zeige mir das Maß an Heiligkeit, das du für mich in meinem Leben gesetzt hast. Amen."

Neid und Habsucht

„Gebt acht, hütet euch vor jeder Art von Habgier. Denn der Sinn des Lebens besteht nicht darin, daß ein Mensch aufgrund seines großen Vermögens im Überfluß lebt" (Lukas 12,15).

Habgier und Neid rühren von der Überzeugung her, daß wir ein Recht auf mehr haben, als wir gegenwärtig besitzen. Es gibt heutzutage falsche Lehren in der Kirche, die den Eindruck erwecken, daß materieller Wohlstand gleichbedeutend ist mit Gottes Segen. Das Ergebnis ist, daß einige Christen damit beschäftigt sind, Geld und Besitz aufzuhäufen, um unter Beweis zu stellen, wie rechtschaffen und geistlich sie sind, und wie sehr sie in Gottes Gunst stehen. Selbst ein oberflächliches Lesen des Neuen Testaments aber macht klar, daß die Jünger nach Jesu Tod nicht wohlhabend oder reich wurden. Waren sie etwa ungeistlich? Nirgends lehrt das Neue Testament, daß Geld und Besitz ein Zeichen von Gottes Bestätigung sind.

Jesus lehrt uns ausdrücklich, unser Vertrauen nicht auf materielle Dinge zu setzen. Wenn er die Leute zu seiner Zeit warnen mußte, sich nicht von Habsucht und Gier überwältigen zu lassen, wieviel mehr müssen dann wir auf der Hut sein in einer Welt, die so materialistisch orientiert ist wie die unsrige! Habgier wird unser Herz nur mit dem Wunsch nach mehr erfüllen – mehr Geld, mehr Besitz. Anstatt daß wir das beachten und uns mit dem zufriedengeben, was wir haben, werden wir in ständiger Begierde nach den Dingen leben, die wir nicht besitzen.

Habsucht ist eine Lebenshaltung, eine Art, die Welt zu sehen, die wenig damit zu tun hat, wieviel oder wie wenig wir tatsächlich haben. Ich habe Bettler in den Straßen von Bombay erlebt, die großzügiger mit ihren wenigen Habseligkeiten umgingen als einige Mittelstandschristen aus wohlhabenden Ländern.

Habsucht und Begierde infizieren unseren Geist und berauben uns unseres Hungers nach geistlicher Realität. Die Liebe zur Evangelisation, zum Wort Gottes und zum Gebet wird bald matt werden in einem Herzen, das von Habsucht verzehrt wird.

„Lieber Herr,
alles, was ich habe, kommt von dir. Die Dinge dieser Welt sind nicht beständig. Morgen kann alles weg sein, was ich heute noch besitze. Deshalb möchte ich mein Vertrauen allein auf dich setzen, auch wenn einige ihre Sicherheit in materiellen Dingen suchen. Hilf mir, mich mit Dingen zu beschäftigen, die einen Wert für die Ewigkeit haben, und sie so zu sehen, wie du sie siehst. Danke für alles, was du mir gegeben hast; hilf mir in deinem Namen, mich nach Leuten auszustrecken, die in Not sind, und mich um sie zu kümmern. Möge ich nie das ablehnen, wozu du mich gerufen hast, weil ich nicht bereit bin, die dazugehörigen materiellen Opfer zu bringen. Ich tue Buße über meine Haltung der Habsucht und wende mich ab von den Akten offensichtlichen Konsumverhaltens in einer Welt voller Not. Auch wenn ich in der Vergangenheit versagt habe, entscheide ich mich heute, dein Reich über alles andere in meinem Leben zu stellen. Amen."

Hartherzigkeit

„Segnet eure Verfolger; segnet sie, verflucht sie nicht! Freut euch mit den Fröhlichen und weint mit den Weinenden!" (Römer 12,14–15).

Als Christen sind wir dazu gerufen, mit den Weinenden zu weinen und mit den Lachenden zu lachen. Hartherzige Leute freuen sich insgeheim häufiger, wenn Dinge bei anderen nicht gut laufen. Sie sind unnahbar und nicht in der Lage, andere zu trösten, zu ermutigen, oder sich mit ihnen zu freuen, wenn es ihnen gut geht. Sie können keine Zuneigung oder Zärtlichkeit ausdrücken.

Wenn wir abgelehnt wurden oder uns Schaden zugefügt wurde und wir dann nicht bewußt die Entscheidung treffen, zu vergeben und die Sache in Ordnung zu bringen, stehen wir in der Gefahr, hartherzig zu werden. Dann ist es leicht, unsere Bitterkeit und Feindseligkeit mit Vernunftgründen zu untermauern, indem wir sie auf die Person konzentrieren, die uns verletzt hat. Wenn wir aber einmal die ersten Schritte auf diesem Weg gegangen sind, werden wir entdecken, daß wir diese Haltung nicht mehr auf einen Bereich beschränken können. Bald wird unser ganzes Leben von Bitterkeit verzehrt werden; wir werden zu einer Person, die von Groll und Kritik gekennzeichnet ist.

Der erste Schritt auf dem Weg in die Hartherzigkeit ist, daß wir uns von denen zurückziehen, die wir nicht lieben. Wir vermeiden sie, und es gibt eine gewisse Abkühlung und Distanziertheit in unserem Verhältnis zu diesen Menschen; wir sind nicht mehr offen dafür, uns um sie zu kümmern oder ihnen zu helfen. Tut man nichts dagegen, ist diese Haltung Sünde; sie hat ihre Wurzel im Stolz. Buße ist nötig.

Die einzige Heilung für Hartherzigkeit ist, daß uns unser Herz herausgenommen wird und durch das neue Herz ersetzt wird, das Gott uns geben möchte. „Ich schenke euch ein neues Herz und lege einen neuen Geist in euch. Ich nehme das Herz von Stein aus eurer Brust und gebe euch ein Herz von Fleisch" (Hesekiel 36,26). Wie geschieht das? Dadurch, daß wir den Zustand unseres Herzens bekennen, Buße tun und zum Herrn schreien, daß er uns verändern möge; und dadurch, daß wir unsere Not auch anderen mitteilen.

> „Lieber Herr,
> mein Herz ist hart. Ich bin schnell dabei, andere zu verurteilen, und denke sehr schnell, daß es ihnen recht geschieht, wenn Dinge schief laufen. Manchmal hoffe ich insgeheim, daß das tatsächlich bei anderen eintritt. Ich bin ein hartherziger Mensch. Ich beuge mich heute vor dir und bitte um eine Operation. Nimm mein hartes Herz weg und

ersetze es durch das neue Herz, das du versprochen hast. Ich brauche dich ganz dringend, Herr. Brich mein Herz. Hilf mir! Tu das auf die Art und Weise, die dir gefällt. Lehre mich, auf andere so zu reagieren, wie du es tust. Zeige mir, wie ich anderen Barmherzigkeit und Vergebung erweisen kann. Ich möchte verändert und mehr wie du werden. Amen."

Ein unbelehrbarer Geist

„Sie aber hörten nicht und neigten mir ihr Ohr nicht zu, sondern folgten den Eingebungen und Trieben ihres bösen Herzens. Sie zeigten mir den Rücken und nicht das Gesicht" (Jeremia 7,24).

„So spricht der Herr: Der Weise rühme sich nicht seiner Weisheit... Nein, wer sich rühmen will, rühme sich dessen, daß er Einsicht hat und mich erkennt... Denn an solchen Menschen habe ich Gefallen" (Jeremia 9,22–24).

Keiner von uns ist in bestimmten Bereichen seines Lebens über Korrektur erhaben. Wenn uns jemand auf eine Sache hin anspricht, hören wir dann zu, oder ignorieren wir, was die Person zu sagen hat? Nehmen wir den Tadel an, oder sind wir unnahbar und ärgern uns, daß jemand es wagt, uns zu korrigieren? Argumentieren wir, erklären wir, entschuldigen wir? Findest du es schwierig, zu sagen „Ich habe Unrecht"? Meine Beobachtung ist, daß je reifer wir im Herrn werden, wir um so mehr auch den Input und die Korrektur anderer willkommen heißen. Wenn wir unseren Stolz beiseite legen, profitieren wir von den Einsichten vieler weiser, gottgefälliger Leute. Wenn wir aber nicht bereit sind, diese Art von Input anzunehmen, dann sind wir unbelehrbar geworden.

Darlene Cunningham, die Frau des Gründers von „Jugend mit einer Mission" und ein enger Freund, war auf diesem Gebiet sehr inspirierend für mich. Wenn jemand zu ihr kommt mit einem Tadel, hört sie zu, ohne sich selbst zu verteidigen. Wenn die Person fertig ist, bedankt sie sich, daß die andere Person sich so sehr um sie kümmert, daß sie die Mühe auf sich nimmt, sie hinsichtlich einer Schwäche Leben zur Rede zu stellen. Sie teilt ihr dann mit, daß sie darüber beten und dann auf die Person zurückkommen wird. Darlene akzeptiert nicht jede negative Sache, die ihr gesagt wird, aber sie verspricht, Gottes Perspektive darin zu suchen. Wenn sie das getan hat, geht sie zu dem Betreffenden zurück und teilt ihm mit, was der Herr ihr gesagt hat. Wenn nötig, leistet sie auch Wiedergutmachung für die angesprochene Situation.

In der Mehrzahl der Fälle, in denen wir korrigiert werden, gibt es zumindest ein Körnchen Wahrheit darin. Wenn wir uns weigern, darüber nachzudenken, oder wenn wir ablehnend reagieren, *verpassen wir, was Gott uns lehren möchte.* Selbst wenn wir das Gefühl haben, daß die Motive des anderen zweifelhaft sind, oder daß er auch Schwächen hat, dürfen wir nicht aus dem Blick verlieren, daß Wahrheit Wahrheit bleibt, unabhängig wie oder von wem sie ausgesprochen wird.

„Lieber Herr,
du weißt, daß ich nicht vollkommen bin. Ich habe blinde Flecken in meinem Leben. Ich brauche andere Menschen, um mir auf diesen Gebieten zu helfen. Ich möchte in allen Bereichen ein reifer Christ werden. Wenn das bedeutet, daß du mir Bereiche der Schwäche durch andere zeigen möchtest, dann will ich annehmen, was du zu sagen hast. Herr, lehre mich, zu dir zu kommen, wenn andere etwas zu mir oder über mich sagen. Hilf mir, mein Herz zu durchforschen und zu sehen, ob an dem, was gesagt wurde, etwas Wahres dran ist. Stärke dann meinen Entschluß, diese Situation in einer gottgefälligen Art und Weise anzupacken. Ich brauche deine Gnade in meinem Leben, um das durchzuhalten.

Herr, lehre mich, wie ich Korrektur annehmen kann. Gib mir die Gnade, diese schweren Worte aus tiefster Überzeugung zu sprechen: ‚Ich habe Unrecht. Vergib mir bitte!' Herr, hilf mir, mehr von dir und deinen Wegen durch jede Person zu lernen, die mir begegnet. Hilf mir, jeder Situation mit einem offenen und demütigen Herzen zu begegnen. Amen."

Mangel an Loyalität und Vergebungsbereitschaft

„Nie sollen Loyalität und Treue dich verlassen; binde sie dir um den Hals, schreib sie auf die Tafel deines Herzens! Dann erlangst du Gunst und Beifall bei Gott und den Menschen" (Sprüche 3,3—4).

Stolz versucht, Mangel an Loyalität zu entschuldigen: „Ich bin verletzt worden, ich habe das Recht, das zurückzuzahlen." Wir haben nicht die Wahl, ob wir Gefühle der Verletztheit pflegen dürfen, deshalb sind wir nie im Recht, wenn wir einen anderen kritisieren oder uns gegen ihn wenden. Wie es in einem alten englischen Sprichwort heißt: „Ein zweiter Fehler bringt die Sache nicht in Ordnung!" Wir müssen unseren Verletzungen und Enttäuschungen absterben und den Weg der Liebe wählen.

Das effektivste Gegenmittel für Mangel an Loyalität ist Vergebung. Vergebung hat eine unglaubliche Macht. Versuche einmal, das Neue Testament daraufhin zu lesen, wie viele der Gleichnisse, Lehren und Ermahnungen mit Vergebung zu tun haben. Du wirst feststellen, daß es nur wenige Kapitel gibt, die nicht in irgendeiner Form auf Vergebung bezug nehmen. Ohne Gottes Vergebung für uns und unsere darauffolgende gegenseitige Vergebung gäbe es kein Evangelium. Dadurch, daß wir Menschen vergeben, die gegen uns sündigen, finden wir eine neue Freiheit in unserem Herzen; dadurch werden wir auch davor bewahrt, in ein unentrinnbares Netz von Unversöhnlichkeit und Mangel an Loyalität verstrickt zu werden.

„Lieber Herr,
du hast uns zu beten gelehrt: ‚Vergib uns unsere Schuld, wie auch wir vergeben unseren Schuldigern.' Wie oft habe ich es zugelassen, daß sich Mangel an Loyalität und Vergebungsbereitschaft in meinem Herzen entwickelte. Dadurch, daß ich nicht schnell vergeben habe, bin ich der Klatschsucht, dem Verurteilen anderer und der Auflehnung zum Opfer gefallen. Ich weiß, daß dich das verletzt, Herr, und daß es gegen dein Reich hier auf Erden arbeitet. Aber du stehst mir bei trotz aller Fehler, die ich mache, und

trotz der Zeiten, wo ich dich im Stich gelassen habe. Gib mir die Gnade und die Stärke, das gleiche auch für andere zu tun.

Prüfe mein Herz und offenbare mir jedesmal, wo ich in Gefahr stehe, unloyal oder unversöhnlich zu sein. Ich will das loswerden, damit ich ein treues Gefäß sein kann, das du gebrauchen kannst. Amen."

Leuten gefallen wollen

„Samuel aber sagte: Hat der Herr an Brandopfern und Schlachtopfern das gleiche Gefallen, wie am Gehorsam gegenüber der Stimme des Herrn? Wahrhaftig, Gehorsam ist besser als Opfer, Hinhören besser als das Fett von Widdern. Denn Trotz ist ebenso eine Sünde wie die Zauberei, Widerspenstigkeit ist ebenso schlimm wie Frevel und Götzendienst. Weil du das Wort des Herrn verworfen hast, verwirft er dich als König" (1. Samuel 15,22–24).

Wir können leicht zum Sklaven der Meinung anderer über uns werden und niemals die Freiheit genießen, die daraus stammt, daß man Gott zu Gefallen lebt. Menschenfurcht ist eine Falle, aus der man nur entkommt, wenn man Gott fürchtet.

Einmal kam ein Mann zu Jesus, der erst seinen Vater begraben wollte, bevor er Jesus hingegeben nachfolgen wollte. Jesus antwortete ihm: „Laß die Toten ihre Toten begraben!" (Lukas 9,60). Das klingt nicht gerade danach, als ob er die Verwandten zufrieden stellen wollte! In einer der weniger oft zitierten Seligpreisungen sagt Jesus: „Selig seid ihr, wenn euch die Menschen hassen und aus ihrer Gemeinschaft ausschließen, wenn sie euch beschimpfen und euch in Verruf bringen um des Menschensohnes willen. Freut euch und jauchzt an jenem Tag!" (Lukas 6,22–23).

Es gibt Zeiten, in denen wir Gott folgen müssen, selbst wenn das heißt, daß wir unsere Familie, Freunde und andere um uns herum vor den Kopf stoßen. Wir müssen uns entscheiden, wem wir dienen. Je gottloser die Leute um uns herum leben, um so wahrscheinlicher ist es, daß wir Dinge tun werden, die sie als anstößig empfinden werden. Natürlich müssen wir darauf achten, daß wir verfolgt werden, weil wir für Christus Partei ergreifen, nicht wegen unserer eigenen Torheit.

Wenn wir versuchen, Menschen zu gefallen und ihren Erwartungen entsprechend zu leben, können wir leicht in eine falsche Form geistlichen Verhaltens verfallen. Wir beten, lesen die Schrift und gehen zum Gottesdienst, nicht weil das aus unserem Herzen kommt, sondern weil wir gerne andere mit unserem geistlichen Wesen beeindrucken möchten. Wir sind stärker daran interessiert, wie wir vor anderen dastehen, als wie wir vor Gott dastehen. Je unsicherer wir sind, um so anfälliger sind wir für die Meinungen anderer. Demut befreit uns von dieser Form des Stolzes, so daß wir leben können, um Gott zu gefallen.

> „Lieber Herr,
> wie leicht fällt mir es, meine Augen von dir abzuwenden und auf die Leute um mich herum zu schauen. Ich lasse mich so leicht von dem beeinflussen, was sie denken. Und doch habe ich dich, und niemand anderen, zum Herrn meines Lebens erwählt. Ich bitte dich: Zeige mir mein Leben so, wie du es siehst. Ich möchte deinen Erwartungen entsprechen, nicht denen anderer Menschen. Ich möchte, daß alles, was ich tue, eine Bedeutung für die Ewigkeit hat und dir gefällt. Lehre mich, für die Gefühle anderer sensibel zu sein, aber mich nicht von ihren Meinungen und Erwartungen beherrschen zu lassen. Ich gebe jedes Recht ab, das ich zu haben glaube, in den Augen der anderen gut dazustehen. Ich entscheide mich dazu, dich zu fürchten und nicht Menschen. Leite mich bitte. Ich will dir gehorchen, selbst wenn mich das in den Augen meiner Mitmenschen zum Narren macht. Amen."

Schmeichelei

„Eine verlogene Zunge führt zum Zusammenbruch, ein heuchlerischer Mund verursacht den Sturz" (Sprüche 26,28).

Komplimente und Schmeichelei sind nicht das gleiche. Wenn jemand ein Kompliment macht, dann ist der Beweggrund dabei, den anderen aufrichtig zu loben. Ein Schmeichler aber hat ein anderes Motiv. Schmeichelei wird eingesetzt, um zu manipulieren – sie ist ein unaufrichtiger Versuch, die Gunst des anderen zu gewinnen. Oft geschieht sie in der Form eines Vergleichs, damit der Geschmeichelte sich auf Kosten anderer überlegen fühlt. Höre die Schmeicheleien an, und es wird klar werden: „Du bist viel verständnisvoller als mein Mann!", „Du siehst viel schöner aus als deine Schwestern!", „Ich kann dir vertrauen. Du bist nicht wie die anderen Christen, die ich getroffen habe. Ich spüre, daß du mich wirklich liebst." Oberflächlich betrachtet sehen diese Aussagen wie Komplimente aus, aber sie sind zweischneidig. In ihnen ist ein subtiler Appell an den Stolz der angesprochenen Person enthalten. Schmeichelei und subtile Kritik an Dritten werden oft eingesetzt, um herauszufinden, wo bei ihnen die Schwelle zur Unloyalität und Manipulation liegt. Schmeichelei wird oft wie eine Art Köder verwendet. Man wirft ihn aus, um Loyalität und Verletzlichkeit zu testen; wenn er geschluckt wird, weiß der Schmeichler, daß er jemand gefunden hat, dessen Schwächen er ausbeuten kann – wenn er das manchmal auch nur unbewußt tut.

Was kann man gegen Schmeichelei machen? Wenn wir die Angewohnheit haben, anderen zu schmeicheln, müssen wir aufhören. Bitte Gott, daß du lernst, ehrliche Komplimente anstelle von Schmeichelei machen zu können. Wenn wir ein „Opfer" von Schmeichelei sind – das geht uns ab und zu allen so – müssen wir dem Schmeichler gegenüber ehrlich sein, etwa in der Form: „Ich schätze es, daß du versuchst mich zu ermutigen, aber ich habe Probleme damit, daß du anderer Leute Schwächen erwähnst. Mir wäre es lieber, du würdest mich nicht mit anderen auf eine Art vergleichen, die sie schlecht aussehen läßt. Bei so etwas wird mir unwohl."

„Lieber Herr,
wenn mein Herz nicht rein ist vor dir, dann bin ich fähig, unaufrichtige Worte zu machen, um Menschen und Situationen zu manipulieren. Ich möchte, daß mein Herz rein ist vor dir. Ich will frei sein von Schmeichelei. Decke diese Sünde auf, egal was es mich kostet. Ich will nicht mehr länger anderen schmeicheln. Ich will auch selbst nicht Schmeicheleien zum Opfer fallen. Ich will lieber aus tiefstem Herzen heraus Ermutigung geben und empfangen können. Wache über meine Ohren und über meinen Mund und überführe mich, wenn ich deine Maßstäbe in diesem Gebiet nicht erfülle. Ich möchte nicht Schaden in meinem oder anderer Leute Leben anrichten. Herr, lehre mich deine Wege. Amen."

Selbstmitleid

„Freut euch zu jeder Zeit! Betet ohne Unterlaß! Dankt für alles; denn das will Gott von euch, die ihr Christus Jesus gehört" (1. Thessalonicher 5,16–18).

Selbstmitleid ist das direkte Ergebnis davon, daß wir unsere Probleme nicht dem Herrn übergeben und lieber an unseren Verletzungen, Frustrationen und Enttäuschungen festhalten. Warum haben wir solche Schwierigkeiten, unsere Last dem Herrn zu geben? Weil wir im Grunde denken, wir könnten selbst besser damit umgehen. Außerdem genießen wir gleichzeitig Aufmerksamkeit, da wir anderen leid tun. Wenn wir doch nur erkennen würden, daß die Liebe und der Frieden im Herzen, die wir suchen, nur dadurch gefunden wird, daß man die eigenen Probleme in Gottes Hand legt!

Fühlst du dich von dem Druck deiner Arbeit, deines Dienstes oder von persönlichen Problemen oder Tragödien überwältigt? Als wir nach Amsterdam zogen, ging es mir so. Ich leitete ein Team, das auf zwei Hausbooten lebte und arbeitete, die in einem Innenstadtkanal permanent verankert waren. Viele junge Leute kamen von der Straße zu uns, um Hilfe zu erfahren und Gott zu finden. Es war eine begeisternde Zeit, aber sie hat mich auch unter viel Druck gebracht. Ich war für 55 Leute verantwortlich, von denen viele jung und unerfahren waren.

Eines Tages fiel ich in totales Selbstmitleid. Ich dachte: „Keiner versteht mich. Keiner kümmert sich um meine Bedürfnisse, aber ich muß mich immer um die der anderen kümmern. Ich will diese Verantwortung nicht mehr länger." In diesem Zustand ging ich auf die Hafenfähre und setzte mich allein auf eine Bank. Tränen liefen mir übers Gesicht, als ich Gott mein Herz ausschüttete. „Ich glaube, ich kann in diesem Dienst nicht bleiben. Ich halte den Druck einfach nicht aus."

Der Herr antwortete mir, aber anders als erwartet. Er sagte mir, er wolle meinen Dienst ausweiten! Er wollte, daß ich mehr tat, und wenn ich ihm die Zügel in die Hand geben würde, würde er meine Fähigkeiten für diese Arbeit erweitern. An diesem Tag zerbrach etwas in mir. Es war mein Stolz. Ich hatte versucht, Dinge selbst zu tragen und den Herrn nicht um Hilfe gebeten. Ich hatte es versäumt zu sehen, daß die Last und die Verantwortung von Leiterschaft letztlich bei ihm lagen, nicht bei mir. Das Ergebnis dieser Haltung war Selbstmitleid gewesen.

Wenn wir verletzt, ausgenutzt, überbeansprucht, mißverstanden oder unterdrückt sind, wenn man an uns gesündigt hat, dann ist es leicht, in Selbstmitleid zu verfallen. Leicht läßt man auch zu, daß sich derartige Gedanken festsetzen, wenn wir enttäuscht oder deprimiert sind. Selbstmitleid wird uns aber am Schluß vernichten, wenn wir uns nicht fangen und mit dieser Gewohnheit brechen. Oft ist es ein Kampf, diese Gedankenschablonen zu brechen, aber das ist die Sache wert. Laß nicht zu, daß Selbstmitleid dich beherrscht! Letzten Endes nährt es nur unseren Stolz und wird zur Entschuldigung für die selbstsüchtige Aufmerksamkeit, von der es lebt. Selbstmitleid läßt sich nie zufriedenstellen; eben weil es eine selbstsüchtige Sache ist, verlangt es mehr und mehr.

„Lieber Herr,
dein Wort sagt, wir sollen uns in allen Umständen freuen. Wie oft bin ich daran schuldig geworden. Ich klage über meine Last und vergleiche mich mit anderen, die es leich-

ter zu haben scheinen. Ich tue mir selbst leid, vor allem wenn ich verletzt und enttäuscht bin. Ich erkenne, daß das Sünde ist. Du hast mich da hingestellt, wo ich stehe. Lehre mich, mit dir zusammenzuarbeiten bei dem, was du in meinem Leben tust, und nicht dagegen auszuschlagen. Wenn ich nichts Gutes sehen kann in den Dingen, durch die ich gehe, hilf mir, zu vertrauen. Ich weiß, du hast dich dazu verpflichtet, daß aus meinem Leben das Beste wird. Lehre mich, an andere, nicht an mich selbst, zu denken. Hilf mir, diese Spirale von Selbstmitleid und Selbstzentriertheit zu durchbrechen. Ich komme jetzt zu dir in Jesu Namen. Amen."

Schluß

Ist es wichtig, alle die beschriebenen Symptome noch einmal durchzugehen? Möchte Gott ein tieferes Werk in deinem Leben tun?

Lege dieses Kapitel nicht so schnell zur Seite. Mein Vorschlag ist es, dieses Kapitel auf den Knien im Gebet durchzugehen und Gott zu bitten, ein tiefes, lebensveränderndes Werk in deinem Herzen zu tun.

Kapitel 4

Den Stolz besiegen

Wenn du durch das vorhergehende Kapitel Gebiete des Stolzes in deinem Leben identifiziert hast, die dir unüberwindbar erscheinen, verzage nicht. Gott offenbart uns nicht Sünde, um uns zu entmutigen und verzweifeln zu lassen. Statt dessen möchte er uns helfen, Sünde zu überwinden. Indem er uns unseren Stolz zeigt, offenbart Gott die Mauer zwischen uns und ihm. Wenn aber nichts dagegen getan wird, wird das die Beziehung kaputtmachen.

Ist es bei dem trügerischen Zustand des menschlichen Herzens und der Natur unseres Stolzes überhaupt möglich, einen klaren und sicheren Sieg über Stolz zu erringen? Nicht einen Sieg, nach dem man sich nie wieder Gedanken über diese Sünde machen müßte, aber doch einen Sieg, der jeden Augenblick neu zu haben ist?

Vielleicht sollte die endgültige Freiheit vom Stolz gar nicht unser Ziel sein, sondern eher, das Gegenteil von Stolz in unserem Leben zu etablieren: Demut. Unser Ziel sollte die Ähnlichkeit mit Christus sein. Das bedeutet im Kern Demut. Unser Anliegen ist es dann nicht mehr, etwas loszuwerden, sondern die positivere Haltung, sich Jesus als Herrn unterzuordnen, damit er uns ihm ähnlich machen kann. Es ist weitaus besser, „Ja" zu Jesus zu sagen, als sich auf das „Nein" gegenüber der Sünde zu konzentrieren.

Manche haben ein falsches Verständnis von Demut. Sie verbinden damit das gewisse Beben in der Stimme, wenn fromme Leute beten, oder die Farbe der Kleidung die man am Sonntag trägt (natürlich schwarz oder farblos). Andere fürchten, daß Demut der letzte Akt der Demütigung und Erniedrigung ist, wenn die eigenen Sünden für alle sichtbar aufgedeckt werden. Aber

Demut ist nicht gleichbedeutend mit der Peinlichkeit einer Offenbarung unserer schlimmsten Sünden. Viele Verbrecher, die erwischt und deren Verbrechen in den Medien breit dargestellt wurden, wachsen nicht in Demut. Demut kommt nicht daher, daß die eigene Schande in die Öffentlichkeit gelangt. Gott hat kein Interesse daran, uns durch öffentlichen Spott in peinliche Situationen zu bringen.

Demut ist auch nicht eine andere Form von Selbsthaß. Einige falsche Ausdrucksformen geistlichen Lebens betonen Selbstbestrafung deshalb so stark, weil man hofft, dadurch die eigene Sünde auszutreiben. Aber Gott hat uns mit der Absicht erschaffen, daß wir zu seinem Ebenbild werden, zu Leuten, die sich ihrer Abhängigkeit von ihm tief bewußt sind und die vollkommen aus seiner Liebe und Gnade heraus leben. Diese Zuversicht ist das Resultat der Gewißheit, daß Jesus uns vergeben hat und uns durch seine Gnade verwandelt.

Es gibt nichts Schlimmeres, als wenn man jemand anbetteln muß, etwas zu tun, was er aus einer falschen Art von geistlicher Demut ablehnt, obwohl er dazu von seinen Gaben und Fähigkeiten her in der Lage ist. Es ist keine Demut, vorzugeben, man könnte etwas nicht tun, wozu man qualifiziert ist. Sie hat auch nichts mit einer niedrigen Selbsteinschätzung unserer natürlichen und geistlichen Fähigkeiten zu tun.

Einige Leute behandeln Demut als eine Art mystischer Erfahrung, die uns plötzlich widerfährt. Aber Demut wird uns nicht von selbst plötzlich überkommen. Demut muß ersehnt und erbeten werden. Sie ist nicht etwas, das Gott an uns tut, sondern etwas, das wir vor Gott tun sollen – und vor anderen. Demut vor Gott bedeutet nichts, wenn sie nicht zugleich vor Menschen unter Beweis gestellt wird.

Petrus lehrte die Christen einst „sich in Demut zu beugen..." (1. Petrus 5,6). Der Herrenbruder Jakobus wußte ebenfalls, daß Demut eine Entscheidungssache ist, und benutzte fast dieselben Worte: „Demütigt euch vor dem Herrn..." (Jakobus 4,10).

> Demut ist nicht...
> etwas, das Gott an uns tut,

> und auch keine mystische Erfahrung,
> keine besondere Art, zu beten oder sich zu kleiden
> und bedeutet auch nicht, gedemütigt zu werden.
> Sie ist nicht...
> Selbsthaß,
> Verleugnen unserer Gaben und Fähigkeiten
> oder ein ästhetischer Rückzug aus der Welt.

Was ist nun diese größte aller Tugenden? – Demut ist tatsächlich die größte Tugend, da sie uns alle anderen aufschließt. Demut ist der Boden, auf dem alle anderen Früchte des Geistes wachsen können. Es heißt, daß man Martin Luther einmal gefragt habe, was die größte aller Tugenden sei. „Demut", antwortete er. Und die nächstgrößte? „Demut", war wiederum seine Antwort. Und die dritte? „Demut!"

Stolz ist das eine Laster, von dem keiner auf dieser Welt frei ist. Zugleich ist Stolz etwas, das jeder verabscheut, wenn er ihm in anderen begegnet, aber sich nicht überlegt, daß er genauso in ihm selbst vorhanden ist. Wie C. S. Lewis gesagt hat: „... und keine andere Sünde wird einem selbst so wenig bewußt. Je mehr wir uns in sie verstricken, um so mehr verdammen wir sie bei anderen."

Beachte, welchen hohen Stellenwert Gottes Wort der Demut gibt:

„Wer nun sich selbst demütigt, der ist im Himmelreich der Größte" (Matthäus 18,4).

„Der Herr hat an seinem Volk Gefallen, er schmückt die Demütigen mit Sieg" (Psalm 149,4).

„Ja, mit den Spöttern treibt er seinen Spott, den Demütigen aber gibt er Gnade" (Sprüche 3,34).

„Wer hochmütig redet, den duckt er, doch hilft er dem, der die Augen senkt" (Hiob 22,29).

„Gott tritt den Stolzen entgegen, den Demütigen aber schenkt er seine Gnade" (Jakobus 4,6).

Man erzählt über Philipp Neri, einem der besten und weisesten Christen des sechzehnten Jahrhunderts, folgende Geschichte. Philipp Neri wurde vom Papst gebeten, die wachsende Berühmtheit einer bestimmten Novizin in einem Konvent in der Nähe Roms zu überprüfen. Sie stand im Ruf, eine Heilige zu sein.

Neri ritt mitten im Winter auf seinem Maulesel durch den Schlamm der unwegsamen Landstraßen zu diesem Konvent. Bei seiner Ankunft bat er, man möge die Novizin zu ihm senden. Als sie den Raum betrat, verlangte er, sie möge ihm die Stiefel ausziehen, die über und über mit dem Schlamm und dem Dreck der Landstraßen bedeckt waren. Voller Zorn weigerte sie sich, diese untergeordnete Arbeit zu tun; es erschien ihr eine grobe Beleidigung, daß sie als Heilige so etwas tun sollte.

Neri erlor keine weiteren Worte. Er verließ den Konvent und ging zurück nach Rom. „Sie brauchen sich keine Gedanken mehr zu machen, Eure Heiligkeit", sagte er, „es gibt keine Heilige, denn es gibt keine Demut."

Anders, als man erwarten würde, wird Demut von manchen Leuten nicht geschätzt, geschweige denn angestrebt. Sie wird oft als Schwäche betrachtet. Man möchte nicht, daß Leute ihre Fehler eingestehen oder um Vergebung bitten. Demut ist Christusähnlichkeit, und nicht jeder möchte jemand in seiner Nähe haben, der wie unser Herr ist.

Was ist Demut? In allererster Linie Abhängigkeit von Gott. Der Mensch als Geschöpf erkennt seine absolute und totale Abhängigkeit von seinem Schöpfer an. Das bedeutet mehr, als das bloße Anerkennen der Tatsache, daß Gott uns geschaffen hat. Abhängigkeit als Frucht der Demut ist eine Haltung, die aus unserer Beziehung zu Gott entspringt. Es ist ein tägliches Aufschauen zu Gott als einem Freund, als der einzigen wahren Quelle von Vergebung und Barmherzigkeit und als dem, der uns Rat und Richtung in jeder wichtigen Lebensentscheidung gibt.

Demut ist die Sehnsucht im Herzen eines jeden Menschen nach Beziehung und Gemeinschaft mit Gott. Selbst für einen Menschen, der Gott nicht kennt, gibt es dieses tiefe Wissen, daß ihm etwas fehlt. Wenn ein Mensch entdeckt, daß Gott ihn liebt und ihm Vergebung durch den Opfertod Jesu Christi anbietet, dann sehnt sich ein demütiger Mensch nach mehr. Er sehnt sich nach Gott.

Demut treibt einen Menschen über bloße Religion hinaus, ob

sie nun als Kultus, als geistliche Suche oder als Bußleistung verstanden wird. Alle diese Elemente können auf Gott hinweisen, aber letztendlich ist keine religiöse Form oder Symbol ein Ersatz für die Begegnung mit dem lebendigen Gott.

Taten, die für Gott getan werden, befriedigen vielleicht für eine gewisse Zeit, aber es kommt der Zeitpunkt, wo die Trokkenheit des eigenen Geistes nach mehr schreit, als wir erfahren haben. Wir tendieren dazu, Realität durch Formen, Beziehungen durch Aktion, und Gemeinschaft durch Geschäftigkeit zu ersetzen. Demut aber ist der Schrei nach Realität. Demut verbietet uns, weiterhin Sein durch Tun zu ersetzen, geistliche Realität durch religiösen Eifer, und besteht darauf, unseren Schöpfer und Herrn in einer tief persönlichen Weise zu kennen.

Schließlich ist Demut die Freiheit davon, sich verbergen zu müssen und so zu tun, als ob wir etwas seien, das wir gar nicht sind. Demut ist die Bereitschaft, als der Mensch bekannt zu sein, der man wirklich ist. Wir leben in einer Welt, die Oberflächlichkeit belohnt und uns ermutigt, Schwächen, Fehler, Wunden und geheime Sünden zu verbergen. Wenn wir ehrlich sind im Hinblick auf vergangene Fehler oder gegenwärtige Schwächen, bedeutet das nicht, daß wir jedem alles über uns verraten. Es gibt auch einen Platz für Diskretion. Offen zu sein, bedeutet nicht, sein Innerstes jeder Person auszuschütten, die einem begegnet. Es bedeutet aber, daß wir mit unseren Ängsten und Versagen zurechtkommen und sie gottgefälligen Leuten mitteilen, die uns nahestehen.

Ehrlichkeit im Hinblick auf unsere Mängel sollte zum Lebensstil werden. Wenn wir beispielsweise unserer Verantwortung bei der Arbeit nicht nachkommen, sollten wir das nicht zu vertuschen suchen, sondern unseren Fehler eingestehen und um Vergebung bitten. Und wenn wir ein Familienmitglied beleidigen, sollten wir so demütig sein, uns für unsere Ungeduld und Gefühllosigkeit zu entschuldigen.

Offenes Zugeben unserer Nöte, Probleme und Fehler erlaubt es uns, von den Täuschungen des Stolzes freizuwerden. Wir müssen so offen sein, wie wir es brauchen, um Hilfe und Freiheit von unseren Problemen zu erfahren. Durch unsere Ehrlichkeit können wir die Liebe, das Verständnis und die Unterstützung erfahren, die wir in Zeiten von Streß und Schwierigkeiten brauchen.

Wenn wir versuchen, unsere Sünden zu verbergen, selbst die sogenannten kleinen, wird uns das unausweichlich einholen. Kleine Kompromisse werden zu großen Fehlern. Menschen verlieren ihre Achtung vor uns und finden es schwierig, uns zu vertrauen, wenn wir unsere Fehler und Mängel vertuschen. Wenn sie durch jemand anderes erfahren, daß wir nicht völlig aufrichtig waren, verlieren sie Vertrauen. Dann stehen wir in der Versuchung, unseren Stolz durch Manipulation und unseren Mangel an Demut durch Lügen aufrechtzuerhalten. Rücksichtslose Ehrlichkeit im Hinblick auf uns selbst ist der einzige Weg, dieses Verhaltensmuster von Stolz und Selbstbetrug zu durchbrechen.

Praktische Wege zur Demut

Demut ist kein Spezialthema für die „Heiligen". Es geht hier nicht um den Lebensstil einer elitären Minderheit. Jeder Christ, der seine Hingabe an Christus ernstnimmt, erkennt das Bedürfnis, diese Tugend zu kultivieren. Unsere Glaubwürdigkeit als Gläubige hängt von unserer Reaktion auf das Gebot der Demut ab.

Paulus stellt in seinen Schriften klar, daß Demut mit jedem Gebiet unseres Lebens zu tun hat. Zu den Christen des ersten Jahrhunderts sagte er: „Übertrefft euch in gegenseitiger Achtung", „Wer sich einbildet, etwas zu sein, obwohl er nichts ist, der betrügt sich", „Einer trage des anderen Last; so werdet ihr das Gesetz Christi erfüllen", „Seid demütig, friedfertig und geduldig, ertragt einander in Liebe, und bemüht euch, die Einheit des Geistes zu wahren…", „… daß ihr nichts aus Ehrgeiz und nichts aus Prahlerei tut. Sondern in Demut schätze einer den andern höher ein als sich selbst. Jeder achte nicht nur auf das eigene Wohl, sondern auch auf das der anderen." „Ihr seid von Gott geliebt, seid seine auserwählten Heiligen. Darum bekleidet euch mit aufrichtigem Erbarmen, mit Güte, Demut, Milde, Geduld! Ertragt euch gegenseitig und vergebt einander, wenn einer dem andern etwas vorzuwerfen hat. Wie der Herr euch vergeben hat, so vergebt auch ihr!" (Römer 12,10; Galater 6,3.2; Epheser 4,2.3; Philipper 2,3.4; Kolosser 3,12–13).

Im Anschluß kommen jetzt einige Gedanken darüber, wie sich Demut auf einzelnen Gebieten unseres täglichen Lebens auswirkt. Mein Vorschlag ist, daß du, nachdem du das einmal durchgelesen hast, dir täglich ein Gebiet vornimmst und Gott bittest, das Gelesene praktisch bei dir anzuwenden. Beginne jedesmal, indem du den Heiligen Geist um eine Offenbarung deines Herzens aus Gottes Perspektive bittest, und wie Gott dir helfen will, dich zu demütigen. In dem Maß, wie wir uns in Reaktion auf das Wirken seines Geistes demütigen, verspricht Gott, uns mehr Gnade zu geben.

Blicke auf den Herrn, nicht auf dich

Demut hat viel damit zu tun, wer im Mittelpunkt meines Lebens steht. Als Paulus den fleischlichen und den geistlichen Menschen in Römer 7 und 8 vergleicht, konzentriert er sich dabei auf das Maß an Selbstzentriertheit bei beiden. Der fleischliche Mensch ist völlig mit sich selbst beschäftigt. Er ist das Zentrum seines Universums. In dieser Beschreibung des fleischlichen Menschen taucht das Wort „Ich" 25mal auf. Demgegenüber taucht bei der Beschreibung des geistlichen Menschen „Ich" nur zweimal auf. Wir können uns nur auf eine Sache auf einmal konzentrieren, entweder auf uns selbst, oder auf Gott. Wir leben im Letzten für Gott oder für uns selbst.

Wenn wir uns dafür entscheiden, uns auf den Herrn zu konzentrieren, werden wir frei von der dauernden Beschäftigung mit uns selbst. Umgekehrt macht uns Stolz zum Gefangenen des Selbst: Selbstgerechtigkeit, Selbstmitleid, Selbstliebe, Selbstgenügsamkeit, Selbstlob und Selbstverwöhnung. Demut befreit uns von diesem elenden Zustand und erlaubt es uns, an Gott und anderen Freude zu haben in einer Art und Weise, wie es stolze Leute nicht können (Kolosser 3,12–13).

Anderen dienen

Es gehört zu den großen Paradoxien des Christentums, daß im Reich Gottes nur der groß ist, der der Diener aller ist. Christus ist unser Beispiel. „Er entäußerte sich und wurde wie ein Sklave" (Philipper 2,7). Die Person, die am meisten in Gottes Reich dient, ist derjenige, der verstanden hat, daß Jesus zum Sklaven für uns geworden ist. Wenn einem das aufgegangen ist, dann ist die einzige Motivation im Leben so zu dienen, wie einem selbst gedient wurde.

Nichts offenbart die Motive unseres Herzens klarer, als unsere Reaktion auf die Bitte, anderen zu dienen. Halten wir einige Aufgaben für unter unserer Würde? Haben wir das Gefühl, wir sind zu reif als Christen, um den Rasen des Pastors zu mähen oder im Kindergarten zu arbeiten? Sind wir zu beschäftigt, bei den einfachsten Arbeiten zu helfen?

In einem großen innenstädtischen Schwesternkonvent gab es eine alte Nonne, die beim Wäscheaufhängen Kirchenlieder sang. Ihre Freude hatte etwas Ansteckendes. Eine junge Novizin war nach einigen Wochen so von dieser älteren Nonne beeindruckt, daß sie sie fragte, warum sie immer so froh sei. Die Antwort war: „Der Herr hat mich vor Jahren hierher zum Dienst berufen und ich finde es ein Privileg, die Wäsche für andere aufzuhängen." Die Novizin war davon beeindruckt, aber sie war noch mehr berührt, als sie die ganze Geschichte hörte. Viele Jahre lang war die Nonne die Oberin des Konvents gewesen, bis sie zu alt geworden war, um die Last der Verantwortung zu tragen. Man hatte ihr eine Stelle in einem kleineren Konvent mit weniger Verantwortung angeboten, aber sie hatte das Gefühl, daß Gott sie speziell in diesen Konvent gestellt hatte. Die einzige andere freie Position war in der Wäscherei. So übernahm sie diese Stellung mit Freuden.

Diese Geschichte war eine Herausforderung für mich. Diese Nonne hatte den Ruf Gottes, zu dienen, und sie war entschlossen, dem nachzukommen. Ihr dienendes Herz wurde für alle offenkundig, als sie eine niedrige Stellung wählte, die es ihr erlaubte, ihrem Ruf nachzugehen. Sie wußte, daß echtes geistliches Leben nicht von irgendeinem

Titel abhängt, dem man ihr in der Vergangenheit gegeben hatte, sondern von ihrer Bereitschaft, dem Herrn durch den Dienst an anderen zu dienen.

Von anderen lernen

Stolz bewirkt eine sehr enge Sichtweise des Lebens. Wir glauben, wir hätten alle die richtigen Antworten und erkennen so unser Bedürfnis nicht, von anderen zu lernen. Demgegenüber erkennt Demut, daß man etwas Wertvolles von jedem Menschen lernen kann.

Wir brauchen den breiteren Lebenshorizont, den uns die Demut verschafft. Das heißt nicht, daß wir hin- und hergeworfen werden wie Blätter im Wind, weil wir alles glauben, was man uns sagt. Es bedeutet aber, daß wir unser Angewiesensein auf die Beiträge anderer erkennen. Keiner von uns besitzt alle Antworten für alle Lebenssituationen, deshalb müssen wir voneinander lernen.

Könnte es sein, daß Gott die volle Offenbarung seiner Wahrheit keinem Einzelnen oder keiner einzelnen Gruppe gibt, um uns voneinander abhängig zu machen? Wir brauchen Input von Leuten aus allen Teilen des Leibes Christi. Wenn wir diese Not nicht anerkennen, werden wir viel von dem versäumen, was uns Gott offenbaren möchte.

Andere ermutigen

Andere zu ermutigen ist ein leichter und schmerzloser Weg, Demut zu entwickeln. Das verändert gleichzeitig auch unsere Wahrnehmung der anderen. Um sie zu ermutigen, müssen wir nach Gutem bei ihnen suchen und jede Kritik und jedes Vergleichsdenken ablegen; statt dessen konzentrieren wir uns in aufrichtiger Weise auf ihre Stärken. Stolz will uns davon abhalten, Ermutigung zu geben, und uns lieber auf Eifersucht, Mißtrauen und Verachtung festlegen.

Andere zu ermutigen ist für demütige Leute eine frohmachende Erfahrung. Wenn wir Schwierigkeiten haben, das zu tun, müssen wir zum Herrn gehen und ihn bitten, uns die Gründe dafür zu zeigen.

Anderen vertrauen

Gott hat uns die allerwertvollste Gabe anvertraut; seine Liebe und sein Vertrauen. Aber sind wir dessen wert? Leben wir immer dem Vertrauen entsprechend, das Gott in uns gesetzt hat? Ich weiß, bei mir ist das nicht der Fall. Ich habe den Herrn oft im Stich gelassen. Wenn ich aber Buße getan habe, dann hat Gott mir eine neue Chance gegeben. Schenken wir anderen das gleiche Vertrauen? Oder sagen wir „Du hast mich schwer enttäuscht. Nie wieder!" Wenn ich demütig sein möchte, werde ich anderen die gleiche Liebe und das gleiche Vertrauen schenken, die Gott mir erwiesen hat. Wenn wir Vertrauen einer Person vorenthalten, der ihr Fehler echt leid tut, kommt unser Stolz zum Vorschein. Wir bringen zum Ausdruck: „Du bist nicht gut genug; du kannst meine Maßstäbe nicht erfüllen und wirst das nie schaffen!" Aber jemand in dieser sündigen gefallenen Welt zu vertrauen, ist eine riskante Angelegenheit. Doch scheint dieses Risiko für Gott nicht zu groß zu sein! Er vertraut uns nicht, weil wir vollkommen wären, sondern aufgrund seiner Gnade und Barmherzigkeit uns gegenüber. Sein Vertrauen beruht auf Gnade, nicht auf unserer Leistung; wir müssen uns vergewissern, daß auch bei uns Gnade die Basis für unser Vertrauen zu anderen ist.

Dein Recht zugunsten anderer aufgeben

Unser Gesellschaftssystem beruht auf persönlichen Rechten. Diese gibt es in vielfältigen Formen: das Recht auf ein Zuhause, ein eigenes Schlafzimmer, ein heißes Bad, drei Mahlzeiten am Tag, und das Recht uns zu verteidigen, wenn wir angegriffen werden oder unser Ruf in Gefahr ist. Wir haben auch das Gefühl, das Recht zu haben, daß man uns zuhört und um Rat fragt, wenn Entscheidungen getroffen werden, die unser Leben beeinflussen. Die herrschende Mentalität in unserer Gesellschaft scheint dabei die folgende zu sein: Wenn ich meine Rechte nicht in Anspruch nehme, werde ich im Leben nicht weit kommen.

Christen aber tanzen zu einer anderen Melodie. Wenn es um Rechte geht, dann ist Jesus unser Vorbild. Er wurde angeklagt, verhöhnt und verraten, doch hat er kein einziges Mal für seine Rechte gekämpft. Er vergab seinen Anklägern, segnete seine Verfolger, und legte freiwillig sein Leben nieder.

Gerechtigkeit für andere suchen

Als wir in die Innenstadt Amsterdams ziehen wollten, fragten wir unsere Kinder, was sie von der Idee hielten. Wir hatten einige wunderbare Diskussionen mit unseren beiden Kleinen, Matthew und Misha. Eines Tages sagte eins von ihnen, wir sollten in das Rotlichtviertel ziehen, weil das Jesus glücklich machen würde. „Warum?" fragten wir ziemlich erstaunt. „Nun, in dem Lied, das wir singen, heißt es, daß er uns gezeigt hat, was gut ist: daß wir gerecht handeln sollen, Barmherzigkeit lieben sollen und demütig vor unserem Gott wandeln sollen!"

Aus dem Mund von Kindern und Säuglingen...! Wir sangen Micha 6,8 in den Anbetungszeiten unserer Gemeinschaft und Misha hatte als Sechsjährige auf die Bedeutung der Worte geachtet. In dem Vers heißt es: „Es ist dir gesagt worden, Mensch, was gut ist, und was der Herr von dir erwartet: Nichts anderes als dies: Recht tun, Güte und Treue lieben, in Demut den Weg mit deinem Gott gehen."

Menschen sündigen nicht nur, sondern es wird auch an ihnen gesündigt. Wir sind aufgerufen, die Rechte der Armen zu verteidigen (Sprüche 31,8–9). Wenn Erweckung in einem Land ausbricht, wie in den Zeiten von Charles Finney in Amerika, werden die Leute mit ihren Sünden gegen die Unterdrückten konfrontiert. Das Evangelium muß auf die gesellschaftlichen Umgangsformen und Maßstäbe angewandt werden, wenn wir es ernst nehmen wollen. Für Finney bedeutete das, gegen die Sklaverei zu kämpfen und für die Frauenemanzipation in Amerika einzutreten.

Vielleicht werden wir verhöhnt, verachtet, verlacht und mißverstanden, aber wenn wir als Christen schweigen angesichts von Rassismus, Armut, Ungerechtigkeit, krasser Ungleichheit und der Ausbeutung der Ressourcen der Erde, haben wir uns der Meinung anderer angepaßt. Unser Stolz steht dem Evangelium im Weg. Wir müssen die öffentliche Meinung beiseiteschieben und für die sprechen, die keine Stimme haben. Auch das ist ein Zeichen von Demut.

Gestehe deine Nöte und Schwächen vor anderen ein

Ironischerweise liegt der Schlüssel zu einem siegreichen christlichen Leben darin, mit Versagen umgehen zu lernen! Christi Kraft wird in unserer Schwäche vollendet. Wenn wir sagen, wir seien nicht schwach, haben wir seine Kraft in unserem Leben nicht nötig. Umgekehrt, wenn wir unsere Grenzen und Schwächen anerkennen, sind wir frei, Gott und andere um Hilfe zu bitten.

„Wenn wir sagen, daß wir keine Sünde haben, führen wir uns selbst in die Irre, und die Wahrheit ist nicht in uns" (1. Johannes 1,8). Keiner ist vollkommen, und wir sollten nicht so tun, als ob wir es wären. Ein stolzer Mensch verdeckt seine Schwächen, während ein Demütiger sie zugibt. Demut setzt uns von Versagensängsten frei und erlaubt uns, die Liebe und Bestätigung anderer anzunehmen; wir alle haben das nötig. Unsere Schwächen zuzugeben, vor allem Minderwertigkeitsgefühle, ist einer der sichersten Wege, unsere Unsicherheiten zu überwinden. Tiefsitzende Ängste zu verbergen ist eine Form von Stolz und hält andere davon ab, uns nahezukommen.

In manchen Fällen ist ein Minderwertigkeitskomplex nur Stolz, der nach hinten losgegangen ist. Du kannst dich minderwertig fühlen und doch sehr stolz sein. Wenn du voll mit dir selbst beschäftigt bist, kannst du nie echte Demut haben. Ein Minderwertigkeitskomplex kann etwas äußerst Selbstsüchtiges sein. Gott möchte uns helfen, aus unserer Selbstzentriertheit und -befangenheit auszubrechen, um frei zu sein, an andere und deren Nöte zu denken. Jesus ist das beste Beispiel für jemand, der sich um die Nöte der anderen, nicht um die eigenen gekümmert hat.

Alles, was es braucht, ist Demut – unsere Ängste Leuten um uns herum zu bekennen. Mit ihrer und des Herrn Hilfe können wir Gottes Liebe empfangen und freigesetzt werden, andere zu lieben und ihnen zu dienen. Für einige braucht das vielleicht viel Zeit und Hilfe, aber in dem Maß, wie wir Gottes Liebe durch andere empfangen, können wir frei sein.

Sieh dich so, wie andere dich sehen

Es wäre interessant, wenn wir aus unserem Körper heraustreten könnten und uns so sehen könnten, wie andere uns sehen. Während wir nie dieses Maß an Objektivität erreichen, können wir doch dem ein bißchen nahekommen, indem wir anderen zuhören und uns für jede Kritik ehrlich bedanken. Nichts wird uns der Demut näherbringen, als wenn wir uns so sehen, wie andere uns sehen. Bitte Gott und deine Freunde, dir bei der Einschätzung deiner Stärken und Schwächen zu helfen. Entscheide dich, als Mensch so bekannt zu sein, wie du wirklich bist. Verbirg nichts. Bekenne regelmäßig deine Schwächen, Versuchungen und Sünden, und bitte Gott um Vergebung. Mach dir das zu einer täglichen Pflicht, und wenn du dranbleibst, wirst du mehr und mehr wie Jesus werden.

Erinnere dich immer daran, daß Demut das Ergebnis eines gottgefälligen Lebens ist. Dadurch, daß wir von Gott abhängig sind, danach hungern, ihn besser zu kennen und jeden Bereich von Sünde und Schwäche bekennen, wird Demut in unserem Leben wachsen.

Zum Anschluß dieses Kapitels möchte ich kurz die wichtigsten Prinzipien für Demut wiederholen.

Erstens: Wir müssen mit einem offenen Herzen beten und bereit sein, daß jegliche Sünde in unserem Leben offenbart wird. Warte im Glauben darauf, daß Gott an deinem Herzen arbeitet. Versuche nicht, ein Gefühl von Reue und Buße herbeizuzwingen, wenn nichts passiert. Verwechsle nicht Überführung von Sünde mit Verdammnis. Überführung ist das klare

Wissen von Gott her, daß wir gesündigt haben. Sie ist etwas Spezifisches, sie ist biblisch und bringt Erkenntnis darüber mit sich, was wir falsch gemacht haben und warum. Überführung bringt gottgemäße Trauer, ist aber von Hoffnung begleitet, da sie ein Werk des Heiligen Geistes ist. Verdammnis ist vage und läßt dich verwirrt und hoffnungslos zurück. Sie ist das Ergebnis davon, daß der Feind oder andere versuchen, dich davon zu überzeugen, daß du nichts taugst, wertlos und ein Versager bist. Verdammnis ist wie eine schwere dunkle Wolke, die über dir hängt.

Das Ergebnis von Überführung ist ein Gefühl der Unwürdigkeit, das der Verdammnis ein Gefühl der Wertlosigkeit. Widerstehe dem Feind, wenn du dich unter Verdammnis fühlst, und sage dem Herrn, daß du seine Überführung willkommen heißt. Wenn du dich zu dieser Haltung entscheidest, verleiht dir das die Kraft, gegen die Lüge zu stehen, daß du wertlos und hoffnungslos bist. Du weißt, daß du aufrichtig vor Gott bist. Aufrichtigkeit ist nämlich eine Entscheidung, kein Gefühl. Gottes Wort verheißt uns, daß er uns reinigen wird, wenn wir uns ihm öffnen und jede Sünde bekennen, die *er* uns zeigt (1. Johannes 1,9).

Zweitens müssen wir Buße tun über jede Sünde, die Gott uns offenbart. Buße muß zu einem Lebensstil werden. Sie darf nicht etwas sein, das wir nur einmal tun. Buße ist ein Glaubensakt. Es bedeutet, die uns bekannte Sünde vor Gott zu bekennen und durch seine Gnade uns zu entscheiden, uns davon abzuwenden. Wir empfangen seine Vergebung im Glauben aufgrund dessen, was er in seinem Wort verheißt.

Drittens: Wir müssen anderen gegenüber ehrlich sein, was unsere Sünde anbelangt. Demut vor Gott ohne eine entsprechende Demut vor Menschen ist ein Hindernis für unser geistliches Wachstum. Wir müssen unsere Sünde geistlich reifen Leuten bekennen, damit sie mit usn in unserem Kampf gegen die Sünde stehen können. Das schafft Verantwortlichkeit.

Viertens: Meditiere täglich über Gottes Wort. Das erlaubt es Gott, unser Denken zu erneuern und uns neue Denkweisen im Hinblick auf uns selbst und andere zu lehren. Im Prozeß des betenden Nachdenkens wird er Einsicht geben und die Mittel, die wir brauchen, um Stolz ans Licht zu bringen und ihn zu überwinden.

Fünftens: Am wichtigsten ist, daß wir uns selbst täglich absterben. Wenn wir nicht bereit sind, Gott zu bitten, alles zu tun was nötig ist, um uns von unserem Stolz zu befreien und uns die Kosten dabei egal sind, werden wir nie den Segen der Demut genießen.

Ich möchte dich noch einmal ermutigen, die beiden letzten Kapitel in deiner täglichen Andacht durchzugehen und über jedem Punkt sorgfältig zu beten.

Kapitel 5

Keine Abkürzung für geistliches Wachstum

Auf dem Weg zu geistlichem Wachstum gibt es keine Abkürzungen. Christlicher Charakter kommt nicht durch ein Wunder zustande und auch nicht dadurch, daß uns jemand die Hände auflegt und uns die „Gabe der Demut" zuspricht. Demut entsteht, wo wir schmerzhafte Entscheidungen treffen in schwierigen Umständen, die uns auf die Probe stellen. Demut entsteht, wo wir uns entscheiden, dem Herrn freudig zu gehorchen und ihm vertrauen, die richtige Zerbrochenheit und Sanftheit in unser Herz zu bringen.

Im Zeitalter eines herausgeputzten aggressiven „Beanspruche-es-im-Glauben"-Christentums stehen wir in der großen Gefahr, daß wir den schwierigen, aber entscheidend wichtigen Prozeß vernachlässigen, die Fundamente eines gottgemäßen Charakters in unserem Leben zu legen. Demut ist nicht immer eine populäre Tugend, noch wird sie immer richtig verstanden. Manchen erscheint sie als Schwäche, Feigheit, Mangel an Mut und sogar als Mangel an Glauben. Aber wer den Preis bezahlt, wird es nicht bereuen.

Es gibt sieben Todsünden, und Stolz steht dabei an der Spitze:
„Sechs Dinge sind dem Herrn verhaßt, sieben sind ihm ein Greuel: Stolze Augen, eine falsche Zunge, Hände, die unschuldiges Blut vergießen, ein Herz, das finstere Pläne hegt, Füße, die schnell dem Bösen nachlaufen, ein falscher Zeuge, der Lügen zuflüstert, und wer Streit entfacht unter den Brüdern" (Sprüche 6,16–19).

Vor vielen Jahren geriet ich in meinen Beziehungen zu anderen in eine Krise. Ich hatte mehrere enge Freunde tief verletzt, meiner Frau keine Achtung gezeigt, und Gott stellte mich in vielen Bereichen meiner Beziehung mit ihm zur Rede. So ging ich eines Tages in einem nahegelegenen Wald spazieren. Ich entschied mich, mein Leben ganz auf eine Karte zu setzen, nämlich den Herrn. Ich wußte zu diesem Zeitpunkt, daß es um alles oder nichts ging. Keine oberflächliche Reaktion würde mit der Krise fertigwerden, die ich selbst heraufbeschworen hatte.

Ich bekannte meine Zwangslage dem Herrn, erkannte meine Sünde an und betete ungefähr das folgende Gebet:

> „Herr, ich habe dich verzweifelt nötig in meinem Leben. Ich bin ans Ende gekommen. Ich entscheide mich, dieser schwierigen Situation nicht auszuweichen. Ich bitte dich: Benutze diese Zeit in meinem Leben, um mich in die Zerbrochenheit zu führen. Tu alles, was du tun mußt, um Demut und Christusähnlichkeit in mir hervorzubringen.
>
> Ich bitte dich, daß du mit meiner Sünde unnachsichtig umgehst. Egal wie lange es dauert, Herr, oder was du tun mußt, ich heiße dein liebendes Gericht willkommen. Bring alles und jedes in meinem Leben ans Licht, was du möchtest.
>
> Egal, was es kostet, Herr, ich gebe mich deinem Weg hin. Ich weigere mich, mich selbst in den Vordergrund zu spielen oder dein Handeln in meinem Charakter zu vermeiden. Ich bitte darum, daß es keine Abkürzungen in meinem Wachstum gibt. Wenn es zehn, fünfzehn oder zwanzig Jahre dauert, sage ich doch ja zu dir, Herr."

Das war der Punkt, an dem Gott *wirklich* anfing, an meinem Charakter zu arbeiten. Ich hatte sein läuterndes Feuer eingeladen, egal wie heiß es werden würde! Ich hatte gebetet, daß sein helles Licht der Wahrheit auf mein Herz gerichtet wurde, ganz egal, was dabei zum Vorschein kommen würde und wer es herausfinden würde. Ich hatte Gott um Zerbrochenheit gebeten, egal wie lange es dauern würde. Ich hatte mich verpflichtet, rücksichtslos meiner Sünde gegenüber zu sein. Ich hatte mich zu der Haltung entschieden, daß jeder Konflikt, den ich in Zukunft hätte, von Gott dazu benutzt werden sollte, mir zu zeigen was in *meinem* Herzen sei.

Wie Maxwell in seinem Buch mit dem Titel „Born Crucified" schrieb:

> „Viele fragen sich, warum sie in ihrem Herzen keinen Sieg haben über ihren verwundeten Stolz, ihre Empfindlichkeit, ihre Habsucht... das Geheimnis ist nicht weit weg. Sie praktizieren heimlich und gewohnheitsmäßig Götzendienst – vor dem Schrein des Selbst. Äußerlich tun sie sich viel aufs Kreuz zugute, aber innerlich beten sie einen anderen Gott an und strecken ihre Hände aus, um einem bedauernswerten, belanglosen und verzärtelten Selbst zu dienen. Solange Christus in dir nicht eine innere Kreuzigung bewirkt, durch die du von einer Selbstvernarrtheit abgeschnitten wirst und die dich mit Gott in der tiefen Einsheit der Liebe vereint, können dir tausend Himmel keinen Frieden geben."

Ich bitte dich, heute, jetzt, dieselbe Hingabe zu vollziehen, die ich vor Jahren gemacht habe und an die ich immer noch von ganzem Herzen glaube. Ich kann gar nicht ausdrücken, wie froh ich bin, Gottes Weg gewählt zu haben. Gott ist treu gewesen und ich freue mich, daß er mein Gebet erhört hat!

Ich kann mich daran erinnern, wie ich las, wenn wir „uns demütigten unter die mächtige Hand Gottes, dann wird er uns erhöhen" und dachte, „Mensch, wenn ich demütig bin, dann wird mich Gott eines Tages erhöhen und ich werde berühmt sein!" Aber das ist nicht, was in 1. Petrus 5,6 gemeint ist. Von Gott erhöht zu werden, bedeutet nicht, im Fernsehen aufzutreten oder bekannt zu werden. Das Erhöhendste, was uns passieren kann, ist wie Jesus zu werden! Wenn wir uns demütigen, wird Gott in uns, unserem Gedankenleben und Charakter arbeiten, um uns zu helfen, wie Jesus zu werden.

Demut führt zu Freiheit, Heilung, Wahrheit, Wachstum, Versöhnung mit Gott und anderen, zu der Freiheit, ehrlich zu sein, und zu der Freiheit, seine Gnade zu empfangen. Am wunderbarsten ist es, daß wir in Christus zur Ruhe kommen; wir finden einen bleibenden Glauben an Christus, der uns erlaubt, das zu empfangen, was er in uns tun möchte. Wir sind frei von eigener Mühe und Plage – Gott tut das Werk, und wir empfangen es im Glauben.

Wir können es nicht erzwingen, daß Demut wächst, aber wir können die Entscheidung treffen, uns zu demütigen und dabei den innewohnenden Christus willkommen heißen, seine Herrschaft in unserem Leben vollständig auszuüben. Es gibt eine Ruhe des Glaubens, einen Ort des Vertrauens, eine Erkenntnis, daß er allein diese Dinge in uns tun kann. Er ist in uns. Er hat den Sieg für uns errungen!